Le guide de la TPM®

Total Productive Maintenance®

Éditions d'Organisation
Groupe Eyrolles
61, bd Saint-Germain
75240 Paris cedex 05

www.editions-organisation.com
www.editions-eyrolles.com

Jean Bufferne

Le guide de la TPM®

Total Productive Maintenance®

Deuxième édition

EYROLLES
Éditions d'Organisation

Sommaire

Partie 1

LA TPM® : QUELS OBJECTIFS ? QUELS ENJEUX ? QUELS RÉSULTATS ?

Partie 2

LA TPM® : QUELLE STRATÉGIE ? QUELLE MÉTHODOLOGIE ?

Partie 3
DÉVELOPPEMENT ET PÉRENNISATION DE LA TPM®

Annexes

Avant-propos

Les entreprises se distinguent au niveau de leur performance industrielle par la **disponibilité**, la **productivité** et la **flexibilité** de leurs ressources ainsi que par l'obtention de faibles **coûts de revient**.

Une entreprise ne peut être en Juste à Temps et à stock Zéro si elle n'a pas supprimé l'imprévu dans ses activités de production et n'est pas sûre que :

- les machines et outillages seront disponibles durant tout le temps prévu,
- les quantités lancées seront obtenues du premier coup (produits bons),
- les temps de gamme sont exacts et seront respectés,

Dans les usines, les stocks et les encours sont créés pour pallier des imprévus tels que :

- pannes, non-qualité, absence du personnel,
- défauts matières, retards d'approvisionnements,
- changements de série et pertes de temps qui en découlent, etc.

On assimile parfois le niveau des stocks au niveau d'eau que l'on doit maintenir dans un chenal pour faire circuler les bateaux en sécurité malgré les marées, les récifs, les épaves, les différences de tirants d'eau entre navires.

Pour les stocks, l'approche habituelle est une exigence de la direction, très souvent à la suite d'un audit, d'abaisser leur niveau de x %.

Si nous reprenons l'exemple du chenal, cette décision a pour effet de contraindre le bateau à zigzaguer entre les récifs et donc de rendre plus difficile sa navigation. Il en est de même dans les ateliers.

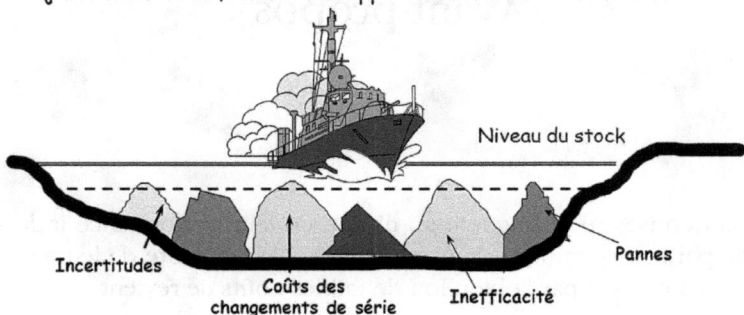

Just in time - Taichi OHNO (TOYOTA)
Obtenir les matières, composants ou produits finis de qualité, en quantité juste nécessaire, au moment opportun et sur leur lieu d'utilisation.

Niveau du stock

Pannes

Incertitudes

Coûts des changements de série   Inefficacité

Juste à Temps = Philosophie, état d'esprit.

Figure 1 – Progrès permanent

L'approche japonaise semble beaucoup plus logique. Elle consiste à baisser petit à petit le niveau d'eau. Chaque fois qu'un récif apparaît on le détruit sur une hauteur correspondant aux moyens dont on dispose. Une fois les récifs apparents supprimés, on peut continuer à baisser le niveau et en faire apparaître ainsi de nouveaux pour les détruire.

C'est en fait la démarche KAIZEN de progrès permanent, d'amélioration continue ou à petits pas.

Certains dirigeants rétorqueront que leurs impératifs financiers ne leur permettent pas de résoudre ainsi leurs problèmes. Faut-il obtenir des résultats rapides mais éphémères qui nécessitent très souvent des moyens de contrôle supplémentaires ou obtenir à plus long terme des résultats conséquents et pérennes ?

La TPM® veut traiter les vrais problèmes, supprimer leurs causes premières et assurer la pérennisation des résultats même si cela a un effet d'annonce limité.

Une entreprise se caractérise par :

- sa valeur à court terme (dividendes distribués aux actionnaires),
- sa valeur à long terme (évolution de la valeur de l'entreprise et/ou de ses actions),

- sa valeur opérationnelle, qui tient compte de la culture de l'entreprise, de son organisation, du ressenti de son personnel d'appartenir à un groupe.

Aujourd'hui, la création de valeur est confiée à des gérants d'épargne, opérant avec des horizons très courts qui ont pour vocation d'optimiser le rendement des capitaux. Bien entendu la TPM® vise la performance économique de l'entreprise, mais aussi la création de valeur opérationnelle. Ce facteur de la performance industrielle ne peut pas être chiffré et s'intègre difficilement dans les résultats à court terme. La valeur opérationnelle d'une entreprise ne peut être ni dérobée par les concurrents ni copiée. C'est elle aujourd'hui qui crée la différence entre les entreprises.

L'engagement, l'habitude de « tuer les problèmes », le réflexe d'amélioration permanente sont essentiels dans la création de la valeur opérationnelle d'une entreprise.

La TPM® vise fondamentalement le développement des facteurs :

- d'identification : engagement, responsabilisation, apprentissage, autonomie, solidarité, reconnaissance,

- d'exigence : excellence, progrès permanent, compétences, qualité, sécurité,

- de rigueur : méthodes, organisation, transparence, efficacité, fiabilité, verrouillage des actions.

Pour arriver à cela, la TPM® a la volonté d'écouter, de faire participer l'ensemble du personnel, de bénéficier de son expérience et de son savoir-faire pour améliorer la disponibilité et la qualité, démarrer plus rapidement les nouveaux produits ou les nouveaux équipements et donc de diminuer les coûts.

« *Sans la conscience professionnelle ou la bonne volonté des salariés, les objectifs de production et de qualité fixés par les managers seraient rarement atteints* » (*Critique de l'organisation du travail* – T. Coutrot – La Découverte, 1999).

Est-ce qu'il faut écrire des procédures pour satisfaire les clients ou faire comprendre à tous pourquoi il est nécessaire de respecter certaines règles ?

Les Japonais disent que nous créons des procédures bureaucratiques en espérant contraindre les « dissidents potentiels » à respecter des règles de travail, alors qu'ils établissent dans leurs entreprises des procédures culturelles (*Le Modèle Japonais de gestion* – A. Bourguignon – La Découverte, 1993).

Plus les procédures sont complexes, plus il est difficile de les appliquer et de les mettre à jour.

Au Japon les solutions, les règles sont définies en commun, chacun les comprend et s'engage à les appliquer après avoir vérifié qu'il pourra tenir parole. Le temps « perdu » dans cette phase préalable est vite récupéré. Lorsque l'ensemble du groupe converge vers une position commune celle-ci est mise en œuvre immédiatement. Il n'y a plus de place pour des états d'âmes ralentisseurs. La TPM® appliquée à la conception des équipements et des produits mettra en valeur cette notion essentielle : un projet résulte de la consultation et de l'accord des acteurs concernés par cette décision.

Vous rencontrerez de nombreuses fois dans la démarche TPM® cette notion d'investissement initial qui permet de trouver le temps d'éliminer les dysfonctionnements, de consolider, de rendre pérenne chaque action. Beaucoup d'entreprises reconnaissent que pour 1 euro investi dans la TPM® elles ont gagné 5 euros durant les 4 ou 5 années suivantes.

La TPM® apporte un changement de culture[1] dans l'entreprise. Elle a choisi d'agir en premier lieu sur les équipements en estimant que si les équipements changent, les hommes changeront et donc la culture de l'entreprise changera. Cela ne peut se faire rapidement. En général on planifie au minimum le projet sur 3 à 4 ans.

---

1. La culture d'entreprise pourrait être caractérisée par une vision de l'entreprise partagée par tous ses employés et l'adoption de références communes liées aux comportements et aux pratiques.

Partie 1

LA TPM® :
QUELS OBJECTIFS ?
QUELS ENJEUX ?
QUELS RÉSULTATS ?

Chapitre 1

Qu'est-ce que la TPM® ?

1. UNE ORIENTATION GLOBALE

La TPM® est une **démarche globale** d'amélioration permanente des **ressources de production** qui vise la **performance économique** des entreprises.

Les **ressources de production** sont constituées :

- des équipements bien entendu,
- des hommes et des femmes, en particulier de production et de maintenance,
- de l'organisation, c'est-à-dire de l'ensemble du personnel des services fonctionnels qui fournissent les moyens et les informations nécessaires à la production mais qui engendrent aussi malheureusement certaines contraintes.

Toutes les fonctions de l'entreprise et tous les hommes, du directeur à l'opérateur, étant concernés, on peut dire que la TPM® est une démarche globale.

Sans la participation et l'engagement des hommes, les plus belles démarches, même japonaises, restent sans effet. Les démarches ne prennent vie et ne deviennent performantes qu'en raison de l'état d'esprit dans lequel elles sont appliquées. Les hommes concernés, en particulier les opérateurs, doivent trouver un avantage dans la démarche ; ce n'est pas toujours l'aspect financier qui prime, même s'il est mis en avant pour masquer des besoins plus profonds.

Un des avantages irréfutable est que « ça fait du bien d'enlever le caillou que l'on a dans sa chaussure ».

Ce caillou peut être la monotonie, l'attitude de la hiérarchie, le sentiment de ne pas être écouté, reconnu, les difficultés rencontrées pour réaliser son travail dans des conditions normales (difficultés dues à l'organisation, au matériel, aux matières premières). Il peut être aussi le besoin de se sentir utile, de pouvoir exploiter ses compétences et résoudre les problèmes rencontrés.

2. DES MÉTHODES DE MAINTENANCE AU MANAGEMENT DE LA PERFORMANCE INDUSTRIELLE

La TPM® est née au Japon dans les années 70. Le JIPM (Japan Institute of Plant Maintenance), organisme de formation et de conseil en maintenance industrielle (Plant Maintenance), conseillait et aidait les entreprises à développer les méthodes de maintenance préventive créées par les Américains.

Les consultants du JIPM constatèrent que la maintenance préventive était moins efficace qu'ils ne l'espéraient. Ils cherchèrent à comprendre pourquoi. L'analyse leur permit de se rendre compte qu'il ne servait à rien de programmer des inspections ou des remplacements systématiques si on ne pouvait se fier à des prévisions de fiabilité du fait du non-respect des conditions d'exploitation des équipements.

Il fallait donc, pour respecter ces conditions, supprimer les causes spéciales en évitant en particulier les dégradations dues aux salissures et associer les utilisateurs, donc les opérateurs, à ces méthodes de prévention.

Les méthodes PM (Preventive Maintenance), CM (Corrective Maintenance, au sens d'amélioration), d'origines américaines ont alors été complétées par la Productive Maintenance (PM) et la Maintenance Préventive (MP). Initialement c'est un travail commun Production/ Maintenance pour diminuer les pannes. Cela nécessitait le respect des machines par les 5 S (dont la propreté) et la réalisation d'une maintenance préventive. Le JIPM créa, en s'inspirant du Système de production Toyota, un outil de mesure, le TRG (traduction de l'OEE : Overall Equipment Efficiency) permettant de suivre la performance des moyens de production.

En 1970, devant la réussite de cette démarche, le MITI (ministère du Commerce et de l'Industrie, aujourd'hui METI) a demandé au JIPM de promouvoir la démarche PM auprès des entreprises japonaises.

Depuis, la TPM® a évolué vers une démarche globale de progrès et de management de la performance industrielle puis vers un **système de production** (stratégie et état d'esprit) visant la performance économique de l'entreprise.

TPM® et Total Productive Maintenance® sont des marques déposées (dépôts n° 966 13549 et 134 6402). Le JIPM ne défendant pas sa marque, celle-ci est souvent proposée et appliquée sous des formes adaptées qui négligent, pour répondre aux exigences du court terme, les éléments qui assurent sa cohérence et sa pérennisation. Il est plus facile d'intéresser un dirigeant en lui proposant l'amélioration du TRG ou la maintenance de 1er niveau, cela lui paraît plus aisé et personnellement moins contraignant.

Les entreprises décident d'emblée de ne pas appliquer l'ensemble de la démarche, la jugeant trop complexe et trop lourde alors que celle-ci est progressive. Ils perdent ainsi une grande part de son efficacité et la possibilité de créer et pérenniser le changement de culture de leur entreprise.

La TPM® est souvent associée à d'autres démarches alors qu'elle est par elle-même un système de production. Il faut avoir été formé par le JIPM pour être Instructeur TPM® (marque déposée n° 966 13550) et être reconnu par cet organisme pour accompagner les entreprises vers l'obtention des prix TPM®. Ces prix seront présentés au chapitre 4.

3. UNE DÉMARCHE D'AMÉLIORATION CONTINUE

Les Japonais ont atteint leur niveau de performance industrielle en effectuant essentiellement des choses simples, souvent empruntées à d'autres pays. Mais ils l'ont fait de manière rigoureuse et continue. Face à des difficultés, avant de vouloir modifier le modèle ou pire le rejeter, ils cherchent à comprendre pourquoi ils n'atteignent pas les résultats escomptés. Ensuite ils essaient de le « nipponiser » et de l'améliorer.

Adopter la TPM®, c'est ne pas compter sur des recettes miracles, ne pas considérer que la seule solution valable est celle qui règle tout. Celle-ci est malheureusement souvent hors de portée immédiate.

Dans nos entreprises, le traitement des problèmes se traduit souvent par des solutions palliatives (mise en place d'un contrôle, d'une procédure, d'une sécurité, d'un détecteur, d'un automatisme). Celles-ci compliquent le travail de l'opérateur et leur fiabilité propre diminue celle de l'ensemble du procédé.

Le besoin instinctif de certains d'agir vite, d'être réactifs en toute circonstance, fait des ravages. Il est souvent plus facile de décider d'une mesure palliative plutôt que de trouver la cause première d'un dysfonctionnement.

La TPM® a pour objectif de supprimer les causes premières en utilisant certains outils mais surtout en faisant preuve de rigueur dans leur utilisation et en acceptant de se remettre en cause.

4. TPM® ET DÉMARCHES DE PROGRÈS

Le JIPM précise que la performance économique de l'entreprise est assujettie à l'obtention des 5 S (c'est un clin d'œil à l'outil 5 S : Seiri, Seiko, Seiso, Seiketsu, Shitsuke).

- Satisfaction des clients,
- Satisfaction des actionnaires (résultats opérationnels),
- Satisfaction des collaborateurs,
- Satisfaction de la collectivité (intégration de l'entreprise dans son environnement social et physique),
- Satisfaction ou respect d'un équilibre entre les 4 S précédents.

Les entreprises disposent de nombreuses démarches s'appuyant sur des méthodes utilisant une panoplie d'outils. Méthodes et outils étant ou non spécifiques.

Chaque prescripteur présente son domaine comme le plus performant en mélangeant souvent :

- les systèmes de production basés sur une stratégie, une culture et un état d'esprit tels que :
  - Système de Production Toyota (TPS),
  - Management de la Qualité Totale (TQC ou TQM),
  - Lean Manufacturing ou Production au Plus Juste (PPJ),
  - Total Productive Maintenance (TPM®).

Suivant la sensibilité des dirigeants, la culture de l'entreprise, le besoin immédiat, l'un de ces systèmes sera privilégié. Ils développent tous des principes de management, seule la TPM® fournit le COMMENT.

- Les démarches – mode de raisonnement : Kaizen, Six Sigma, ISO 9000 si elle n'est pas dévoyée, Juste à Temps (JAT).
- Les méthodes – manière de faire : Hoshin, Kanban, etc.
- Les instruments ou outils : 5 S, Poka Yoké, 5 Pourquoi, etc.

La figure 1.1 tente de hiérarchiser ces différents éléments.

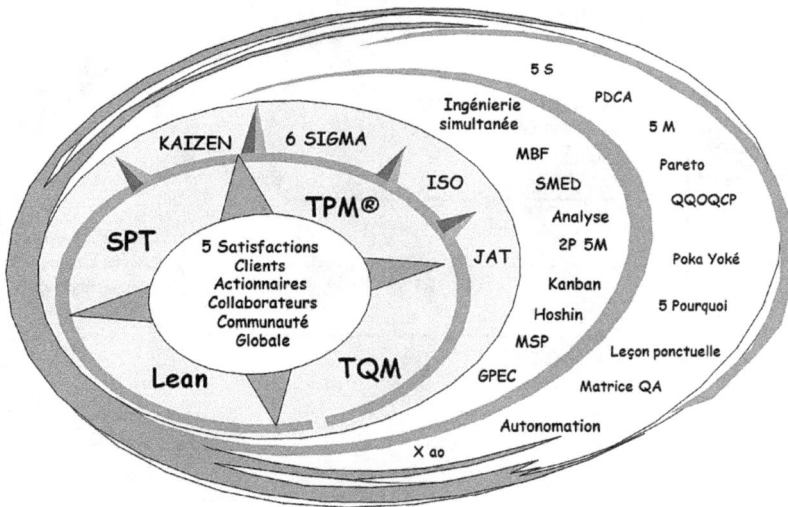

Figure 1.1 – TPM® et démarches de progrès

La TPM® a créé des méthodes – analyse PM ou analyse QA (analyse qualité) – et privilégie des outils tels que la leçon ponctuelle et les 5 Pourquoi.

Un glossaire en fin d'ouvrage définit les différents termes utilisés en différenciant démarches, méthodes et outils. Il est essentiel de ne pas se tromper de niveau.

5. TPM® ET THÉORIE DES VARIATIONS

5.1. Rappel de la théorie des variations

Cette théorie élaborée aux USA par W.A. SHEWART et diffusée par ses élèves J.M. JURAN et W.E. DEMING est surtout connue en qualité par le contrôle statistique de procédé. Mais toutes les décisions prises dans l'industrie (techniques, commerciales, économiques, managériales…) devraient s'appuyer sur cette théorie.

Lorsqu'on mesure les caractéristiques de sortie d'un système[1] (qualité, rendement global, taux de pannes, productivité, disponibilité, réclamations clients, etc.), on constate que celles-ci varient et s'écartent plus ou moins de leur moyenne.

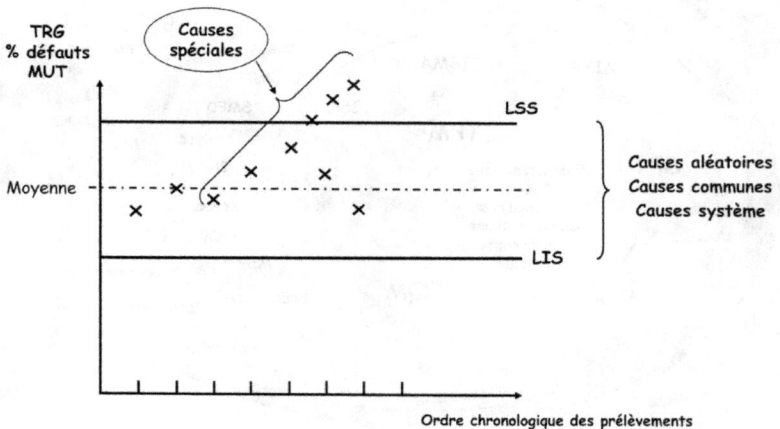

Figure 1.2 – Théorie des variations

Cette variabilité est due à des causes qui appartiennent à deux familles différentes. Elles sont issues soit du système lui-même (**causes communes**) soit d'événements particuliers (**causes spéciales**) et déterminent deux états du système :

---

1. Système : ensemble d'activités (matérielles, organisationnelles, humaines) en interaction et organisées pour atteindre un but fixé.

5.1.1. *Système instable*

Un tel système est soumis à des causes **spéciales** (sporadiques ou assignables) : soudaines, peu fréquentes, issues de facteurs de variation peu nombreux, identifiables telles qu'erreurs de manipulation, mauvais réglages, pannes machines, matières défectueuses, dégradations forcées au sens de la TPM®.

Un système instable est statistiquement imprévisible. Il peut arriver une secousse, une catastrophe à tout moment et il est alors illusoire de vouloir :

- faire des prévisions rationnelles d'augmentation de capacité des équipements existants,
- planifier la charge d'un atelier et respecter les délais (Juste à Temps),
- mobiliser le personnel.

Les causes spéciales doivent être identifiées le plus tôt possible pour :

- standardiser les conditions d'obtention d'un meilleur résultat,
- éliminer rapidement les dysfonctionnements. Ceux-ci minimisent les résultats et nous empêchent de « compter » sur une certaine reproductibilité des performances,
- améliorer la performance des ressources de production,
- bâtir des plans d'actions réalistes (il ne faut pas dépenser de l'argent, de l'énergie, des capacités d'études techniques pour rechercher des modifications alors qu'il suffit d'exploiter correctement les équipements).

5.1.2. *Système stable ou sous contrôle statistique*

Un système est dit sous contrôle statistique lorsqu'il n'est soumis qu'à des causes **communes** ou **aléatoires** dues au hasard[1], fréquentes, d'effet individuel faible, ayant des origines nombreuses et variées, indépendantes les unes des autres et très difficilement identifiables telles que :

- interactions entre les fonctions de l'entreprise ou les personnes (définition imprécise du travail, des objectifs),

---

1. Pour E. Borel, un phénomène aléatoire est un phénomène résultant de la présence simultanée de trois conditions : un grand nombre de causes, indépendantes les unes des autres, aucune d'entre elles n'étant prépondérante.

- imprécision des modes opératoires, des procédures,
- qualité des outils, des machines,
- formation du personnel,
- qualité de l'encadrement.

La série chronologique de résultats représentatifs d'un système stable est similaire à une série que l'on aurait obtenue par des tirages aléatoires dans une population homogène. Les performances d'un tel système sont prévisibles puisqu'elles sont distribuées de façon aléatoire autour d'une moyenne.

Appliquer des actions « coup de poing » dans un système stable, c'est rechercher des causes qui n'existent pas, c'est risquer d'augmenter l'amplitude des variations, de le rendre instable et de dépenser inutilement de l'argent. Dans cette situation, le seul chemin vers la performance est l'adoption d'une stratégie de veille pour :

- détecter les premiers signes d'instabilité et y remédier,
- analyser sur le long terme les causes de variations répétitives en utilisant :
    - des méthodes d'analyse plus précises que les méthodes traditionnelles d'analyse des causes,
    - des outils statistiques (analyse de la variance, corrélation, analyse PM) pour déplacer la moyenne des résultats obtenus et diminuer la variabilité.

Les causes communes sont dues à des défauts ou imperfections du système (organisation, management, politique) alors que les causes spéciales sont issues d'événements exceptionnels.

Celui qui ne connaît pas cette théorie risque de faire deux types d'erreurs que nous évoquerons ci-dessous.

5.1.3. *Rappel des erreurs possibles de décision*[1]

L'ignorance ou une erreur de jugement entre ces deux types de causes conduit immanquablement à une perte de temps, d'efficacité, d'argent et parfois même à des dysfonctionnements, des déceptions

---

1. *Hors de la crise*, W.E. DEMING, traduit par J.M. GOGUE, Economica.

et une dégradation des relations sociales. W.E. DEMING précise quatre points essentiels :

1. *« Une erreur d'interprétation consiste à supposer que chaque accident ou défaut est imputable à un événement particulier (cause spéciale), généralement parce qu'il est d'actualité. Il peut arriver qu'un défaut soit imputable à une erreur flagrante d'un opérateur mais la plupart du temps les désordres que l'on trouve dans une activité de production ou de service proviennent du système (cause commune).*

2. *Les managers et les employés doivent garder à l'esprit que la plupart des problèmes et donc la majorité des possibilités d'amélioration se répartissent de la manière suivante :*
   – *94 % appartiennent au système, le management en est responsable,*
   – *6 % sont issus de causes spéciales.*

3. *La confusion entre les causes communes et les causes spéciales conduit à une frustration générale, à une plus grande variabilité et à des coûts élevés.*

4. *Aucun défaut propre au système ne peut être compensé par un plus grand effort des ouvriers. Si les ouvriers réalisaient que le management s'efforce vraiment de travailler pour améliorer le système, donner à l'atelier des responsabilités adaptées à ses possibilités d'action et supprimer les obstacles que le système a placés sur sa route, ils auraient aussitôt un moral extraordinaire. »*

6. STRATÉGIE DE LA TPM®

La TPM® est basée sur le fait qu'il est impossible de prévoir (au sens statistique) et de maîtriser le comportement d'un système tant qu'il n'est pas **stable** ou **sous contrôle statistique**, c'est-à-dire tant que l'on n'a pas supprimé dans celui-ci toutes les causes spéciales de variations.

Aussi, la stratégie de la TPM® s'appuie sur deux points essentiels :

1. Pour obtenir l'**efficacité maximale du système de production existant**, on doit en premier lieu le mettre dans un état stable (sous contrôle), c'est-à-dire supprimer toutes les causes spéciales en :
   – respectant les conditions normales d'exploitation,

– retrouvant l'état normal des équipements : standards de conduite et d'entretien[1].

2. Lorsque la mise sous contrôle est acquise (ou presque), l'entreprise peut s'engager dans l'amélioration continue du système[2] et obtenir les **conditions idéales de la performance industrielle**.

7. UN OUTIL FÉDÉRATEUR

Il est essentiel de comprendre que la TPM® n'est pas :

* une nouvelle méthode de maintenance,
* la méthode initiale des 5 S (débarrasser, ranger…),
* la maintenance de 1er niveau ou l'auto-maintenance,
* l'application des cercles de qualité aux équipements,

mais l'outil fédérateur de ces différentes approches.

La TPM® a été initiée à partir des concepts de maintenance et l'intégration du terme maintenance dans Total Productive Maintenance fait croire qu'il ne s'agit que de maintenance dans le sens habituel. Le mot **maintenance** est utilisé par le JIPM comme « *l'ensemble des actions qui permettent à l'entrepreneur de conserver et d'améliorer son patrimoine* ». Pour éviter les quiproquos créés par le mot maintenance nous utilisons les termes de « Management des ressources de production ». Ceci tout en respectant, en tant qu'instructeur TPM®, la stratégie et la méthodologie proposées par le JIPM.

8. TPM® ET MÉTHODES DE MAINTENANCE

Les ressources de production intègrent les équipements et donc leur maintenance. La TPM® change fondamentalement l'approche habituelle de la maintenance industrielle. Elle nous fait prendre conscience que

---

1. Je ferai la distinction entre **entretien** – actions de surveillance ou interventions physiques qui permettent de conserver les conditions normales d'utilisation d'un équipement (nettoyage, resserrage, réglage, graissage, purges, suivi de paramètres de fonctionnement, détection d'anomalies, dépannage, etc.) – et **maintenance** – actions réalisées soit pour s'assurer que les caractéristiques des composants d'un équipement n'atteignent pas les limites basses que l'on s'est fixées soit pour retrouver les caractéristiques nominales des composants ayant atteint ces limites.
2. W.E. DEMING, *Hors de la Crise*.

tant qu'il existe des causes de dégradations forcées dues au non-respect des conditions d'exploitation (utilisation en production et entretien) :

- on ne peut espérer obtenir la capacité intrinsèque[1] de l'équipement,
- le taux de défaillance et le coût de maintenance des équipements sont élevés,
- **la maintenance préventive est onéreuse et peu efficace.**

De plus la TPM® met en évidence le fait que nous appliquons souvent dans les usines une prévention **secondaire** qui, suivant la définition du Petit Larousse, tente de détecter et de traiter précocement les phénomènes alors que nous devrions rechercher une prévention **primaire** en empêchant ou diminuant l'apparition des phénomènes de dégradation. Mais il nous manque la capacité d'analyse des causes de pannes (*cf.* les chapitres 7 et 8 relatifs à la maintenance autonome et à la maintenance planifiée).

9. TPM® ET 5 S TRADITIONNELS

Les 5 S sont traduits habituellement par débarrasser, ranger, nettoyer, standardiser, pérenniser. Pour le JIPM, l'évolution du concept TPM® peut être définie par le tableau suivant :

	À l'origine	Concept actuel
Domaine d'application	Équipements & environnement de travail	Système de production
Cible	Chasse aux pannes	Chasse aux pertes d'efficacité
Actions vis-à-vis de l'équipement	Vision extérieure des équipements qui sont examinés à la jumelle	Les équipements sont inspectés à la loupe pour détecter et corriger toutes les anomalies
Type de démarche	Démarche opérateur	Démarche globale d'entreprise
Objectifs	Augmentation productivité 5 à 25 %	Augmentation productivité 15 à 50 % Diminution des coûts industriels 15 à 30 %

1. On se rappellera que la fiabilité intrinsèque d'un équipement est le niveau le plus élevé de fiabilité, inhérent à la conception d'un équipement, que l'on peut obtenir en respectant les conditions normales d'utilisation et en appliquant efficacement les préconisations d'entretien.

La propreté, le rangement de l'espace de travail, des ateliers et des bureaux sont le reflet du professionnalisme des opérateurs, des techniciens de maintenance mais aussi des dirigeants, donc de toute l'entreprise. Toutefois il ne suffit pas de le décréter ou de réaliser des audits pour que cela soit effectif.

Les 5 S ne sont pas un préalable à une démarche TPM®. Par contre, dans la phase initiale de la maintenance autonome on rend accessible l'équipement pour le voir, le toucher, le contrôler. On le nettoie jusqu'au cœur afin de l'examiner à la loupe pour détecter toutes les causes possibles de dégradations. La TPM® nous offre une méthode et des outils pour détecter ces anomalies, pour surveiller leur éventuelle réapparition et surtout, ce qui est essentiel, supprimer leur cause première.

10. TPM® ET MAINTENANCE DE 1er NIVEAU

Le rôle principal des opérateurs est de produire, aussi la TPM® ne cherche pas à les transformer en techniciens de maintenance.

Par contre elle va bien au-delà de cette notion. Elle veut élever le niveau de connaissance des opérateurs (connaissance du process et de la technologie des équipements) afin qu'ils puissent devenir **responsables de la qualité de leurs équipements**.

Être responsable de la qualité de son équipement, c'est l'exploiter (production et entretien) conformément à ce qui a été prévu, c'est aussi être attentif à tous les signes précurseurs d'anomalies de fonctionnement et pouvoir les décrire.

Le management doit lui-même mettre en place les conditions nécessaires au développement et à l'application de cette responsabilité. Si le nouveau produit lancé en fabrication conduit à dépasser les limites de fonctionnement des machines, l'opérateur n'y peut rien et risque de baisser les bras.

On cherche à améliorer de manière continue les équipements, les méthodes, le savoir-faire des opérateurs afin de convertir les temps de nettoyages fastidieux en des tâches d'inspection, d'entretien et de recherche d'amélioration en groupe. En TPM®, les standards de nettoyage ou d'inspection sont toujours des **standards provisoires** car ils sont le socle des propositions d'amélioration visant la simplification ou mieux la suppression de certaines opérations.

11. TPM® ET CERCLES DE QUALITÉ

Dans les années 1980, les cercles de qualité ont fait appel au volontariat du personnel. Celui-ci choisissant un sujet d'amélioration de ses méthodes de travail, de la productivité ou de la qualité.

Ces cercles n'ont pas su éviter le piège révélé par DEMING. Ils ont travaillé sur les causes spéciales donc sur 6 % des dysfonctionnements et ils ont atteint après quelques années leur limite d'efficacité, les problèmes résiduels incombant au management.

La TPM® développe une méthodologie et un outil de mesure, le TRG, qui lui permet de détecter et de mesurer les **vrais problèmes.** Suivant leur origine ils concernent les employés ou le management.

On dit souvent que dans la TPM® il y a du travail pour tous. Chaque membre de l'entreprise doit assumer la tâche qui lui revient.

La TPM® utilise l'expérience et le savoir-faire des opérateurs pour améliorer les équipements, les méthodes et les conditions de travail. C'est une démarche obligatoire qui s'intègre dans la mission des opérateurs.

Chapitre 2

La TPM® : pourquoi ?

La TPM® a pour objectifs :

- d'obtenir l'efficacité maximale des équipements,
- de diminuer les coûts de revient des produits,
- d'optimiser le coût d'exploitation des équipements (Life Cycle Cost),
- d'améliorer la valeur opérationnelle de l'entreprise,
- de développer l'efficacité maximale de tous les secteurs de l'entreprise.

1. OBTENIR L'EFFICACITÉ MAXIMALE DES ÉQUIPEMENTS

Cette efficacité est mesurée par le Taux de Rendement Global – TRG qui sera détaillé dans le chapitre suivant. Il peut s'exprimer très simplement par :

$$TRG = \frac{\text{Quantité de produits bons fabriqués}}{\text{Quantité possible dans les conditions idéales}}$$

Cette relation nécessite (et c'est sur ce point qu'éclatent les ergotages et différends entre utilisateurs) de fixer les **conditions idéales** et le **temps de référence** durant lequel on comptera les pièces.

Un TRG de 50 %, ce qui est très courant, signifie que la moitié seulement du potentiel de l'équipement est utilisée. D'où la chance que nous avons de pouvoir :

- diminuer les coûts de revient (même valeur des frais fixes pour une production plus importante),
- réduire les besoins d'investissements,
- améliorer la flexibilité des moyens de production,
- faciliter la maintenance des équipements.

Les responsables du JIPM nous disent souvent que dans nos usines nous sommes installés sur une « montagne de trésors ». À nous de les exploiter en considérant que le bond en avant que nous réalisons est plus important que les chiffres.

2. Diminuer les coûts de revient des produits

La performance des équipements intervient sur le coût de revient mais il existe d'autres pertes d'efficacité du système de production qui entraînent des surcoûts :

- **directs** : surconsommation de matière, d'énergie, usure d'outillages, retouches des produits en dehors de la ligne, etc.
- **indirects** : stock, pénalités de retard, heures supplémentaires, etc.

Pour augmenter la performance industrielle de l'entreprise, la TPM® s'attaque à l'ensemble de ces pertes.

3. Augmenter la durée de vie des équipements et réduire les coûts d'exploitation

La notion de Life Cycle Cost ou coût cumulé d'exploitation d'un équipement a été développée aux États-Unis par le ministère de la Défense étonné de la valeur du ratio : Coût annuel d'exploitation du matériel/Coût d'achat.

Le Life Cycle Cost d'un équipement comprend :

- le coût d'investissement qui intègre tous les coûts afférents à celui-ci y compris le coût éventuel de démantèlement,
- les coûts de production ou d'exploitation,
- le coût global de maintenance (coûts de maintenance + coûts de défaillance + coûts de possession des stocks de pièces de rechange).

Le LCC (représenté par la figure 2.1) intègre toujours la durée de vie prévisionnelle de l'équipement, celle-ci étant fixée par :

- la durée de vie du produit fabriqué,
- ou la durée de vie technologique de l'équipement,
- ou sa durée de vie technique (vieillissement).

Il est évident qu'un équilibre doit être trouvé entre les 3 composantes du LCC. L'économie réalisée sur l'investissement initial par les services achats ou financiers peut avoir un impact désastreux sur les deux autres composantes.

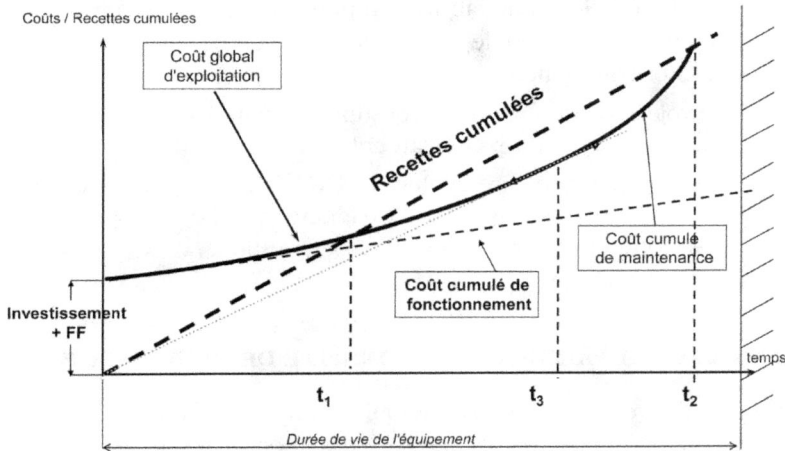

Figure 2.1 – Coût du cycle de vie (LCC)

La TPM® prévoit que tous les acteurs concernés par un nouvel équipement participent :

- à la définition du cahier des charges,
- aux études de conception,
- aux revues de projet qui permettent d'agir le plus en amont possible sur les éléments susceptibles de dégrader la productivité, la fiabilité, la maintenabilité, la capabilité et la disponibilité de l'équipement.

Remarques

1. L'expérience et l'exigence de rigueur acquises par l'ensemble de l'entreprise dans la recherche permanente de la performance des équipements est bénéfique pour :
   – adapter les ressources de production à l'évolution des marchés (en particulier à l'automatisation qui exige de diminuer la dis-

persion des caractéristiques des produits et donc une meilleure capabilité des équipements),

– augmenter la durée de vie des équipements. Aujourd'hui, chez les constructeurs automobiles la durée de vie des équipements ne se limite pas à la durée de vie des modèles, ils veulent réutiliser leurs lignes de fabrication pour de nouveaux véhicules,

– définir et améliorer le cahier des charges des nouveaux produits et équipements.

2. Les projets d'automatisation destinés à diminuer les coûts de revient devraient être passés au crible du LCC.

3. N'oublions pas que faire évoluer le TRG d'un équipement de 40 à 80 % et le mettre sous contrôle signifie que l'on peut disposer d'un second équipement sans avoir à investir.

4. CRÉER LA VALEUR OPÉRATIONNELLE DE L'ENTREPRISE

À tous les niveaux, une personne qui est impliquée, qui a acquis des réflexes de rigueur, de recherche permanente de progrès et qui accepte de progresser à petits pas (notion de Kaizen) représente une aide non négligeable pour améliorer la qualité, la disponibilité, la productivité des équipements mais aussi pour définir et démarrer de nouveaux produits et/ou de nouveaux équipements.

5. OBTENIR L'EFFICACITÉ MAXIMALE DE TOUTES LES FONCTIONS DE L'ENTREPRISE

Les services production et maintenance ont un fort impact sur la performance des ressources de production.

Mais cette performance nécessite aussi de :

• concevoir des produits facilement réalisables,

• disposer d'équipements fiables et faciles à exploiter (production et maintenance),

• fixer des modes opératoires adaptés,

• définir les conditions nominales d'exploitation des équipements,

- établir sans ambiguïté les critères de qualité tenant compte du besoin client,
- recevoir des informations fiables (ordonnancement, stock, coûts, résultats),
- pouvoir s'appuyer sur des systèmes administratifs et informatiques apportant une valeur ajoutée (éléments d'analyse et de progrès),
- améliorer les connaissances et le savoir-faire des individus,
- s'appuyer sur un système de management participatif.

Il faut donc que toutes les fonctions de l'entreprise soient engagées dans l'obtention de la performance industrielle et améliorent aussi leurs performances internes.

Ceci est d'autant plus facile que cette démarche est initiée par la direction générale exigeant de chacun la réalisation du travail qui lui est demandé par la TPM®.

Remarque

Une entreprise engagée dans une démarche TPM® demande naturellement à ses sous-traitants d'appliquer eux aussi cette démarche.

Chapitre 3

Objectifs de la TPM®

La TPM® a pour objectif de régénérer la culture de l'entreprise par l'amélioration des **ressources humaines** et du **système de production**. Cette culture d'entreprise s'appuie sur de nouveaux impératifs :

- ne plus accepter de pannes (pour les Japonais, la honte de l'entreprise)[1] ni de conflits structurels entre production et maintenance (tu casses, je répare, nous nous plaignons et nous nous montrons réciproquement du doigt),
- supprimer l'idée de fatalité,
- ne plus accepter l'à-peu-près dans la propreté et l'état des équipements,
- rechercher la cause première des problèmes,
- avoir en permanence le souci d'amélioration.

Ce changement de culture consiste à rendre le manager des ressources de production responsable de la qualité des équipements, du savoir-faire du personnel et de l'efficacité de son organisation. C'est aussi, comme nous l'avons dit précédemment, rendre les opérateurs responsables de la qualité de leur équipement, c'est-à-dire :

- les utiliser conformément aux conditions de base,
- les nettoyer, surtout aux endroits stratégiques,
- détecter et signaler les prémices des dégradations, les réparer eux-mêmes lorsque c'est possible.

---

1. En japonais le mot panne s'écrit KO-SHO (SHO = obstacle ; KO = causé intentionnellement par un être humain). Les pannes n'apparaissent pas de façon magique, nous les créons en ne respectant pas les conditions standard d'utilisation, d'entretien et de maintenance des équipements.

Cela nécessite bien entendu de former les opérateurs, de leur attribuer le temps nécessaire et d'avoir un management qui ait la volonté d'aller sur le terrain pour réagir rapidement lorsqu'un dysfonctionnement est signalé ou lorsqu'une proposition d'amélioration est faite.

1. VALORISER ET AMÉLIORER LES RESSOURCES HUMAINES

Aujourd'hui encore, l'obtention des objectifs de productivité et de qualité dépend de manière cruciale de l'expérience, du savoir-faire et de la dextérité des salariés. La TPM® a pour objectifs d'utiliser et de mettre en valeur l'expérience et le savoir-faire de chacun. Ce qui réclame :

- de savoir écouter, de faire participer les opérateurs et les techniciens de maintenance,
- d'admettre que les bonnes idées peuvent venir d'eux et de reconnaître leurs apports,
- d'améliorer leur expérience (même si celle-ci s'acquiert dans le temps, elle peut être partagée entre les individus),
- d'améliorer leur savoir-faire et leur connaissance du process et des équipements.

La TPM®, c'est aussi redonner conscience à l'ensemble du personnel (des opérateurs à la direction) de l'importance des équipements dans la performance industrielle. Ce qui demande :

- le respect par la production des conditions normales d'exploitation,
- le respect des conditions normales d'entretien (graissage, qualité des réparations, refus de l'approximatif, absence de laxisme) et de maintenance (analyse des pannes, maintenance préventive appropriée et optimisée, etc.),
- les moyens nécessaires (argent mais surtout temps) dégagés par la direction pour réaliser les opérations de nettoyage et d'entretien, la remise à niveau des équipements et les améliorations (simplification des conditions d'exploitation, amélioration des conditions de travail – de la performance des équipements – et des méthodes de travail).

2. AMÉLIORER LE SYSTÈME DE PRODUCTION

La TPM® souhaite supprimer les pertes dues à l'organisation, aux méthodes et procédés, à la fiabilité des équipements, à leur inadéquation aux produits fabriqués. Ce sont ces améliorations qui seront les plus bénéfiques.

Mais pour détecter **les vrais problèmes** il faut être sûr que le système étudié est dans ses conditions normales (état standard et conditions pour lesquelles il a été conçu).

Il faut donc mener simultanément deux actions qui expliquent le déroulement de la démarche TPM® :

- retrouver les conditions normales d'exploitation des ressources de production,
- étudier et supprimer les causes réelles d'inefficacité dues au système (management, organisation, politique budgétaire, d'investissement, de gestion des ressources humaines).

Sans cela les problèmes sont masqués, les solutions souvent palliatives résultent d'un renvoi de responsabilité et de luttes d'influence entre services production et maintenance, méthodes, produits, conception, etc.

3. CRÉER L'EXIGENCE DE RIGUEUR

Dans la TPM® il y a un enjeu essentiel qui n'apparaît qu'au fur et à mesure que l'on progresse dans la démarche. C'est apprendre à tous (je ne sais pas qui, dans l'entreprise, en a le plus besoin) à aller sur le terrain pour détecter les vrais problèmes, les « tuer » en faisant preuve de :

- rigueur : examiner toutes les causes, les vérifier,
- modestie : ne pas vouloir tout faire du premier coup,
- ténacité : s'assurer des résultats obtenus et continuer à progresser.

Chapitre 4

Quels résultats obtient-on par la TPM® ?

1. DES RÉSULTATS DANS TOUS LES DOMAINES DE LA PERFORMANCE INDUSTRIELLE – P Q C D S M E

Pour attribuer les prix PM qui seront présentés au paragraphe suivant, le JIPM évalue les résultats de l'entreprise en termes de P Q C D S M E. En général les résultats obtenus par les entreprises après trois à quatre ans de développement de la TPM® sont les suivants :

- **P = productivité**
  - Augmentation de 50 % de la valeur résiduelle (écart par rapport à 100) du TRG
  - Nombre de pannes divisé par 20

- **Q = qualité**
  - Zéro réclamation clients
  - Défauts internes divisés par 10 (augmenter les quantités de produits bons fabriqués du 1er coup et non se satisfaire de contrôles permettant de respecter une exigence client exprimée parfois en défauts par millions de pièces livrées)

- **C = coûts**
  - Diminution des coûts directs de 30 %
  - Coûts de maintenance divisés par 2

- **D = délais**
  - Stocks et encours divisés par 2
  - Respect du Juste à Temps
  - Respect du film ferme (*cf.* glossaire)

- **S = sécurité**
  - Zéro accident
  - Zéro pollution
  - Intégration des normes ISO 14001 et OHSAS 18001

- **M = motivation**
  - Engagement, responsabilisation, savoir-faire, rigueur
- **E = expansion**
  - Capacité de croissance de l'entreprise en limitant les investissements

Remarque

Lors des audits d'obtention du prix TPM®, les auditeurs JIPM demandent qu'il leur soit présenté par le personnel des exemples d'amélioration dans chaque pilier et en particulier dans le pilier 2 : Maintenance autonome. Cette présentation par les opérateurs ou par des techniciens leur permet d'évaluer leur implication dans la démarche et dans l'analyse des problèmes.

2.   DES RÉSULTATS RECONNUS PAR DES « PRIX TPM® »

Les prix PM (Productive Maintenance) ou TPM® décernés par le JIPM reconnaissent le niveau obtenu par l'entreprise et la dynamique de progrès créée. Ils ne font pas l'objet d'un concours. Ils sont attribués par un jury japonais[1] composé de consultants JIPM et de professeurs d'université (la TPM® est incluse dans le programme de certaines universités japonaises).

2.1.   Cinq prix pour reconnaître la progression vers un niveau mondial

- **Prix d'excellence** : créé en 1971, c'est le niveau de base. Depuis 2008 il existe pour ce prix 2 catégories :
  - catégorie A : 3 ans d'activité TPM® fondée sur les 8 piliers et étape 5 du pilier 2 atteinte,
  - catégorie B : 2 ans d'activité basée sur 5 piliers : 1, 2, 3, 4, 8 (étape 5 du pilier 2 atteinte).

Il existe aussi un prix attribué aux bureaux d'engineering.

---

1.   Depuis 2008 le JIPM sous-traite, hors Japon, la réalisation des audits d'attribution des prix, tout en conservant le pouvoir de décision finale. Cette solution, sans doute moins onéreuse pour les entreprises postulantes, privera ces dernières de l'expérience des auditeurs japonais en termes de performance industrielle et de rigueur.

- **Prix de pérennisation** : créé en 1992, il prouve, 2 ans après le prix d'excellence, que la structure TPM® a été améliorée et que l'entreprise continue à progresser.

- **Prix spécial** : fondé en 1976, il démontre, 3 ans après le prix d'excellence ou 1 an après le prix de pérennisation, que l'entreprise a obtenu un niveau très supérieur au prix précédent.

- **Prix spécial avancé** : fondé en 2000, il joue par rapport au prix spécial le même rôle que le prix de pérennisation par rapport au prix d'excellence. Il est décerné 2 ans après le prix spécial.

- **Prix world class** : créé en 1999, il est décerné à l'ensemble d'une société ou d'un groupe international 3 ans minimum après le prix spécial. C'est le niveau le plus élevé de la TPM®.

Un consultant japonais propose aux entreprises de viser directement le Word Class Manufacturing, équivalent de ce dernier niveau. Il n'est pas facile de devenir champion mondial si l'on n'a pas préparé le terrain en appliquant la TPM® durant quelques années et surtout si l'on n'a pas obtenu le changement de culture d'entreprise qu'elle vise.

Le constat que l'on peut faire dans certaines usines sur l'état des équipements et l'engagement du personnel nous rappelle que, dans les démarches de progrès, comme en formule 1, il faut « monter » les vitesses avant d'atteindre les 300 km/h.

2.2. Des critères d'attribution exigeants

L'attribution des prix TPM® respecte une procédure préétablie qui exige :

- l'envoi d'un document de présentation de la démarche de l'entreprise,

- un pré-audit en entreprise. Les auditeurs évaluent la conformité de la démarche utilisée, l'organisation mise en place et les résultats obtenus. Ils formulent un certain nombre de remarques. L'entreprise doit alors présenter un plan d'action pour répondre à ces préconisations,

- un audit final qui a lieu 4 à 6 mois plus tard.

Les critères d'attribution des prix PM concernent :

- la concordance entre la politique TPM® et celle de l'entreprise (définition claire de la politique et des objectifs, intégration dans la politique générale de l'entreprise),
- la structure mise en place,
- la situation dans les piliers concernés,
- l'obtention des objectifs P Q C D S M E adoptés par l'entreprise lors du lancement de la démarche,
- l'organisation basée sur des petits groupes de travail interdépendants, multidisciplinaires incluant les différents acteurs y compris les opérateurs et techniciens de maintenance.

2.3. Un joli palmarès

Le tableau ci-après indique l'évolution du nombre d'usines ayant obtenu chaque année un prix TPM® (hors Japon).

Types de prix	Hors Japon									
	2010	2009	2008	2007	2006	2005	2004	2003	2002	2001
Excellence A et B		51	48	59	93	71	59	51	51	133
Pérennisation	25	15	27	22	16	30	29	21	25	15
Spécial		7	12	15	8	10	7	7	7	4
Spécial avancé	8		1	2	3	1	1			
Classe mondiale	1		1			2		1		
Nb prix attribués dont Europe dont France	34 10 1	73 11	89 20 7	98 27 9	90 16 12	114	96	80	83	
Cumul	909	875	802	713	615	525	411	315	235	152
Évolution/A-1 en %	+ 3	+ 9	+ 12	+ 16	+ 17	+ 28	+ 30	+ 34	+ 55	

S'il est vrai qu'une grande majorité des prix est attribuée à des entreprises japonaises (1 500 environ), on peut constater une progression importante des usines primées hors Japon.

Les entreprises, hors Japon, ayant obtenu un prix TPM® appartiennent à tous les domaines d'activité : agroalimentaire, microélectronique, métallurgie, plasturgie, constructeurs de voitures et de camions, équipementiers, production d'électricité, exploitation minière, nucléaire, etc.

Pour certains groupes (Arcelor-Mittal, Unilever, Milliken, Tetra Pak), la TPM® fait partie de la politique de l'entreprise et chaque année plusieurs dizaines de leurs usines dans le monde obtiennent un prix.

Une quinzaine d'usines françaises appartenant à différents secteurs d'activité ont obtenu un ou des prix TPM®.

En France, des usines importantes de la métallurgie et du nucléaire qui doivent augmenter leur production ont construit leur stratégie à partir de la TPM®. Leur message a été : « Appliquons la TPM® pour atteindre nos objectifs de production ».

Partie 2

LA TPM® :
QUELLE STRATÉGIE ?
QUELLE MÉTHODOLOGIE ?

Partie 1

LA TPM® :
QUELLE STRATÉGIE ?
QUELLE MÉTHODOLOGIE ?

Chapitre 5

Des axes stratégiques
aux piliers d'action

1. LES 2 AXES STRATÉGIQUES DE LA TPM®

Un système ne peut être prévisible et maîtrisé que s'il est sous contrôle statistique. C'est-à-dire que toutes (ou presque) les causes spéciales de variation ont été éliminées. Une fois cette stabilité acquise, il est alors possible de réaliser avec succès l'amélioration continue du système. La TPM® sera donc développée suivant 2 axes stratégiques :

1. atteindre l'efficacité maximale (intrinsèque) du système de production,
2. améliorer le système pour obtenir les conditions idéales.

La connaissance de ces 2 axes est essentielle à la compréhension de la démarche. Ils nécessitent de réaliser un certain nombre d'actions qui constituent les 8 piliers de la TPM® et qui permettent de piloter la démarche, d'en retirer tous les bénéfices et de pérenniser les résultats obtenus.

1.1. Axe n° 1 : atteindre l'efficacité maximale du système de production

L'efficacité intrinsèque d'un système est le niveau le plus élevé d'efficacité que l'on peut obtenir. Il est inhérent à la conception du système et au respect des conditions d'exploitation qui ont été prises en compte dans son cahier des charges. Celles-ci concernent :

- les contraintes subies par le système : charge, conditions d'environnement,
- les conditions d'utilisation : organisation, système d'information et de management, qualité et respect des standards de nettoyage, de réglages et des modes opératoires,

- les conditions d'entretien et de maintenance : politique et moyens mis en œuvre, respect des standards d'entretien, suppression des anomalies d'état, réparations réalisées suffisamment tôt pour ne pas perturber l'efficacité du système et ne pas risquer de détériorer d'autres éléments.

Cette efficacité maximale est obtenue par :

- **la suppression de toutes les causes de pertes.** C'est bien entendu cette action qui apporte les gains financiers. Mais on ne peut espérer détecter les vrais problèmes tant que les ressources ne sont pas utilisées dans les conditions pour lesquelles elles ont été prévues et que le personnel, de l'opérateur à l'encadrement, ne s'implique pas dans la démarche.

La suppression des pertes fera l'objet du pilier n° 1 : **Amélioration au cas par cas.**

- **l'élimination de toutes les causes spéciales de diminution de la fiabilité intrinsèque des équipements.** La TPM® ne veut pas transférer des opérations de maintenance vers la production. Son objectif est de rendre les opérateurs responsables de la qualité de leur équipement en respectant les standards d'exploitation fixés à la conception et en détectant au plus tôt tout changement dans l'état ou le comportement du matériel.

Cette action sera construite à partir du pilier n° 2 nommé : **Maintenance autonome.**

- **la prévention des défaillances naturelles.** Tant qu'il existe des dégradations forcées et que les points faibles des équipements n'ont pas été supprimés, la maintenance préventive est **peu efficace** et **onéreuse.** Lorsque ces causes sont traitées, le service maintenance peut mettre en place des méthodes de prévention basées sur l'estimation de la fiabilité des composants.

Ce sera l'objet du pilier n° 3 : **Maintenance planifiée.**

- **l'amélioration des connaissances et le savoir-faire des opérateurs et des techniciens de maintenance.** La mise en œuvre et la pérennisation des piliers précédents nécessitent d'améliorer les connaissances et le savoir-faire des opérateurs, des techniciens de maintenance mais aussi de l'encadrement direct du personnel.

D'où le pilier n° 4 : **Amélioration des connaissances et du savoir-faire.**

1.2. Axe n° 2 : améliorer le système pour obtenir les conditions idéales

Cela nécessite les actions suivantes :

* **démarrer le plus rapidement possible les nouveaux produits et les nouveaux équipements.** La maîtrise des équipements, le savoir-faire du personnel de production et de maintenance, la logique d'amélioration permanente seront utilisés dans la conception de produits faciles à fabriquer et d'équipements faciles à utiliser et à entretenir. Cette aptitude permettra de réagir au raccourcissement des cycles de vie des produits.

  Ce principe se traduira par le pilier n° 5 : **Maîtrise de la conception.**

* **stabiliser les 5 M à un haut niveau.** Obtenir la performance maximale des ressources de production (Zéro panne, Zéro défaut, TRG maximal), et ceci de manière permanente, nécessite d'atteindre et de maintenir à un haut niveau les 5 M (Matière, Machine, Milieu, MO, Méthodes).

  Le pilier correspondant sera le pilier n° 6 : **Maîtrise de la qualité.**

* **obtenir l'efficacité maximale des services fonctionnels.** Les services techniques et administratifs doivent avoir pour objectif de fournir à la production les informations et supports nécessaires à l'amélioration de sa compétitivité, tout en augmentant leur efficacité interne (diminution des tâches administratives, simplification des procédures « surgénérées » par les démarches de certification et certains systèmes informatiques).

  Ce principe se traduira par le pilier n° 7 : **Application de la TPM®
  dans les services fonctionnels.**

* **maîtriser la sécurité, les conditions de travail et respecter l'environnement.** La performance des ressources de production passe aussi par ces impératifs qui se traduisent aujourd'hui par la certification environnement ISO 14001, sécurité et conditions de travail OHSAS 18001. C'est aussi rendre le travail moins pénible, moins salissant, moins dangereux. Une entreprise ne peut en matière d'accident se fixer un objectif autre que le « Zéro accident ».

  Ce sera l'objet du pilier n° 8 : **Sécurité, conditions de travail et environnement.**

2. LES 8 PILIERS STRATÉGIQUES

Axe n° 1 – Atteindre l'efficacité maximale du système de production :

- Pilier n° 1 : Amélioration au cas par cas ou élimination des causes de pertes.
- Pilier n° 2 : Maintenance autonome ou Gestion autonome.
- Pilier n° 3 : Maintenance planifiée.
- Pilier n° 4 : Amélioration des connaissances et du savoir-faire.

Axe n° 2 – Obtenir les conditions idéales de la performance industrielle :

- Pilier n° 5 : Maîtrise de la conception des produits et des équipements.
- Pilier n° 6 : Maîtrise ou maintenance de la qualité.
- Pilier n° 7 : Efficacité des services fonctionnels.
- Pilier n° 8 : Sécurité, conditions de travail et environnement.

Chaque pilier s'appuie sur des **méthodes** et **outils spécifiques**.

Remarques

1. Les piliers 1 à 4 sont développés en premier et la logique qui les relie doit être respectée.
2. La réussite de la TPM® est tributaire du respect rigoureux de la méthode JIPM. Il n'est pas possible de n'en prendre « qu'un petit bout » en prétextant que la démarche est trop lourde alors qu'elle se construit sur une période de 3 à 4 ans.
3. Des entreprises mettent en avant qu'elles disposent d'autres méthodes qui leur ont déjà fait beaucoup gagner. Sans doute, mais mon expérience me montre qu'elles n'ont pas « tué les problèmes » comme le fait la TPM®.
4. Il est plus facile, pour présenter la logique de mise en œuvre de la TPM®, de supposer que l'entreprise part d'un niveau zéro en organisation. Les entreprises ont déjà mis en place des actions concernant en particulier la qualité, la sécurité. La TPM® n'a pas l'intention de faire table rase de ce qui existe dans les entreprises mais de leur permettre d'atteindre réellement l'efficacité maximale de leur système de production.

5. Pour le JIPM, les piliers Conception, Qualité, Performance des services fonctionnels, Sécurité ont pour objectif « l'obtention des conditions idéales ». L'idéal réunissant la performance maximale et un risque minimal de déviation.

Chapitre 6

Pilier 1 : Amélioration au cas par cas

Ce pilier est appelé par le JIPM « Amélioration au cas par cas » ou « Chasse aux pertes ». Le management n'aime pas parler de pertes. Il est impensable qu'un responsable ait pu laisser se développer des pertes dans son secteur. Chaque année il a un objectif de gains mais pas de diminution des pertes. Et pourtant les pertes n'existent pas par elles-mêmes, c'est nous qui les provoquons. Par exemple :

* j'ai constaté dans une usine qu'un atelier robotisé était prolongé par un atelier de retouches, ce qui signifiait que les robots ne « savaient pas faire » une pièce bonne du premier coup et donc que le TRG de cet atelier était égal à zéro.

* l'exécution du premier projet d'amélioration au cas par cas dans une usine a permis de supprimer plusieurs centaines de milliers de dollars de pertes qui avaient été inventoriées lors du lancement du pilier 1, alors que chaque année un plan de diminution des coûts était mis en place.

Nous avons des états d'âme et préférons parler de gains plutôt que de supprimer nos dysfonctionnements. Pour les Japonais, ce qui compte c'est l'amélioration réalisée quelle qu'en soit son origine.

1. FACTEURS DE COMPÉTITIVITÉ D'UN SYSTÈME DE PRODUCTION

Toute entreprise a pour objectifs :

* la **satisfaction de ses clients** en termes de qualité (excellence des produits et du service), prix, respect des délais, flexibilité, innovation,

* sa **position sur le marché** créée par les facteurs précédents mais aussi par son image et sa valeur opérationnelle,

* sa **rentabilité** qui lui permet en premier lieu de satisfaire ses actionnaires. Cette contrainte qui s'exprime de plus en plus à

court terme crée de nombreux problèmes et va à l'encontre des démarches de progrès continu.

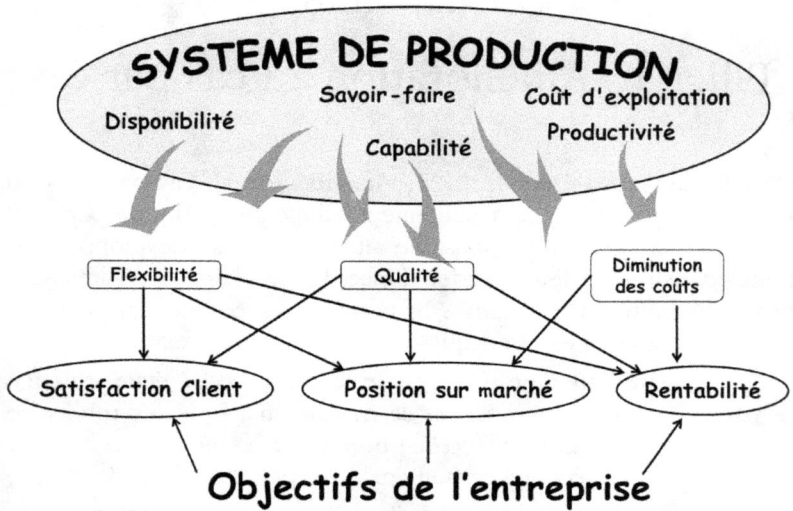

Figure 6.1 – Compétitivité et système de production

La figure 6.1 ci-dessus schématise la position du système de production par rapport à la compétitivité des entreprises.

L'obtention des objectifs exige la **capabilité**, la **flexibilité** et la **productivité** des ressources de production.

Ces trois composantes peuvent être mesurées par le Taux de Rendement Global de ces ressources : le TRG.

L'entreprise s'appuiera aussi sur le savoir-faire, l'expérience et le professionnalisme de son personnel.

2.   UN RATIO TRÈS UTILE : LE TAUX DE RENDEMENT GLOBAL DES ÉQUIPEMENTS – TRG

Le TRG s'exprime par le rapport :

$$TRG = \frac{\text{Quantité de produits bons fabriqués}}{\text{Quantités possibles dans les conditions idéales}}$$

Temps d'ouverture To

Temps utile Tu

16 pertes

Production de pièces bonnes

$$TRG = \frac{Q \text{ produits bons fabriqués}}{Q \text{ possibles dans les conditions idéales}} = \frac{Tu}{To}$$

Temps d'ouverture
Approche financière
Performance des ressources de production

→ TRS   To = 365 jours x 24 heures

→ TRG   To = horaire de travail - arrêts programmés

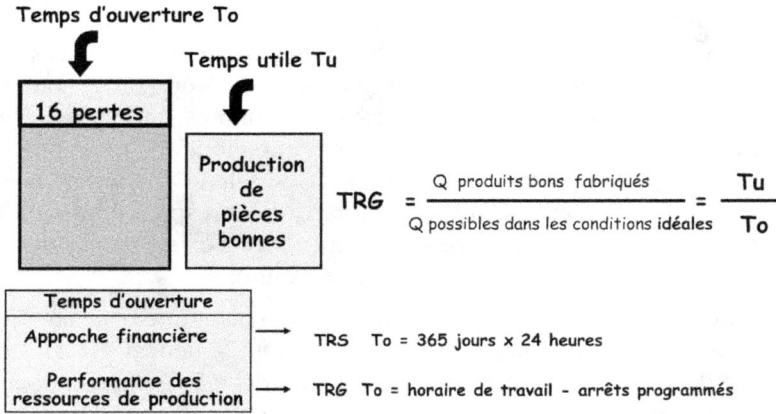

Figure 6.2 – Principe du TRG

L'écart entre numérateur et dénominateur est dû à un ensemble de pertes d'efficacité du système de production. Le calcul du TRG nécessite de définir deux paramètres essentiels :

- le temps d'ouverture de l'équipement durant lequel on estime pouvoir l'utiliser,
- les conditions idéales de fonctionnement.

Le TRG n'est pas un simple indicateur ; c'est un outil de progrès.

Très souvent les entreprises sont noyées sous des plans d'actions importants qui sont sources de déception, de frustration, de surcoûts et qui parfois même créent d'autres dysfonctionnements. Pour éviter ces écueils nous proposerons d'exploiter le TRG en tenant compte de l'apport de la théorie des variations.

2.1. Temps d'ouverture To

Les quantités de pièces fabriquées ou possibles sont comptées pendant un laps de temps appelé **temps d'ouverture (To)**. Celui-ci doit être fixé sans ambiguïté par le planning/ordonnancement en tenant compte :

- du portefeuille de commandes : quantités et délais,
- de la **performance actuelle** de la production,
- des **arrêts programmés** durant cette période (voir définition au paragraphe suivant).

Remarque

Pour pouvoir mettre en évidence tous les événements imprévus et subis il est souhaitable de fixer le temps d'ouverture sur le même horizon que la période de planification, au moins une semaine à l'avance. Le temps d'ouverture ne doit pas être modifié si un imprévu rend l'équipement indisponible ou non nécessaire. On constate parfois, lors d'une panne de plusieurs jours, que les responsables ramènent le temps d'ouverture à zéro en particulier s'il existe une solution de secours. Cela masque le problème rencontré.

Certaines entreprises adoptent un temps d'ouverture calculé sur 365 jours de fonctionnement de l'équipement, 24 heures sur 24. Ce mode de calcul est caractéristique d'une approche financière qui permet de mettre en évidence le **taux d'engagement** des investissements. Il sera mesuré par le rapport :

Temps d'ouverture/Horaire de travail

ou même :

Temps d'ouverture/Horaire possible durant l'année

Le responsable des ressources de production, à qui est destiné le TRG, n'est pas maître du portefeuille de commandes ou du passage aux 35 heures ; aussi il paraît plus judicieux de fixer le TRG tel qu'il est défini par le JIPM.

2.2. Conditions idéales

Nous avons fait apparaître au dénominateur du TRG les conditions idéales. Quelles sont ces conditions qui :

* doivent être adoptées comme base pour évaluer la performance de l'entreprise ?
* vont permettre à l'entreprise de mettre en évidence ses axes de progrès ?

Ce ne sont en aucun cas les conditions existantes. Plus cet idéal sera ambitieux plus il permettra d'élargir le champ des opportunités de progrès.

Cette notion d'idéal va à l'encontre de nos mentalités, de la volonté de normaliser. La norme EN 60 182 a standardisé et compliqué le concept d'OEE (Overall Equipment Efficiency traduit en Français par TRG) créé par le JIPM.

Le JIPM précise que ce n'est pas le chiffre par lui-même qui est important mais le saut que l'on a fait.[1]

On peut adopter comme idéal :

* la capacité adoptée lors de la justification de l'investissement,
* la production réalisée avec le produit le plus facile (cas de mix produits),
* la vitesse de l'élément le plus rapide de la ligne (antigoulet d'étranglement),
* la capacité de l'équipement en supposant Zéro perte d'efficacité,
* les résultats obtenus par d'autres usines ou d'autres entreprises (à condition d'avoir les mêmes références de calcul),
* au moins l'objectif de performance que l'entreprise s'est fixé dans son plan stratégique.

Remarque

Dans une usine, lors de la présentation des objectifs PQCDSME du projet TPM®, le directeur du JIPM a demandé si ces objectifs étaient la reformulation des objectifs du plan stratégique de la société pour toutes ses usines. Ayant eu confirmation de ce choix il a fait remarquer que l'usine devait être plus ambitieuse. La TPM® permettrait d'obtenir beaucoup plus.

3. LES 16 CAUSES DE PERTES D'EFFICACITÉ

L'écart entre quantité de pièces bonnes fabriquées et quantités possibles est dû à des pertes d'efficacité des ressources de production. Le TRG peut aussi s'exprimer par le rapport :

TRG = Temps d'ouverture − Σ pertes d'efficacité/Temps d'ouverture

ou :

$$TRG = \text{Temps utile/Temps d'ouverture}$$

---

1. Dans une entreprise japonaise, le TRG qui nous a été présenté était de 110 %. Ce qui a fait sourire les visiteurs français. En fait, les progrès réalisés par l'entreprise durant les 4 ou 5 années de démarche TPM® avaient dépassé les objectifs initiaux peut-être trop pessimistes. Les dirigeants ne voulant pas occulter cette image du progrès accompli n'ont pas changé les références.

Le temps utile Tu est tel que :

Tu = (Quantité produits bons fabriqués) × (Temps de cycle idéal).

L'utilisation de ces deux modes de calcul permet de vérifier à partir des déclarations de production que toutes les pertes et en particulier les micro-arrêts (arrêts non détectables parce qu'ils sont d'une durée unitaire trop faible ou qui sont « rentrés dans les mœurs ») ont bien été pris en compte.

On sera ainsi assuré de détenir tous les éléments d'évaluation des pertes.

La comparaison des résultats obtenus en appliquant ces deux modes de calcul permet très souvent de faire apparaître que 10 % environ des pertes ont été « oubliées ».

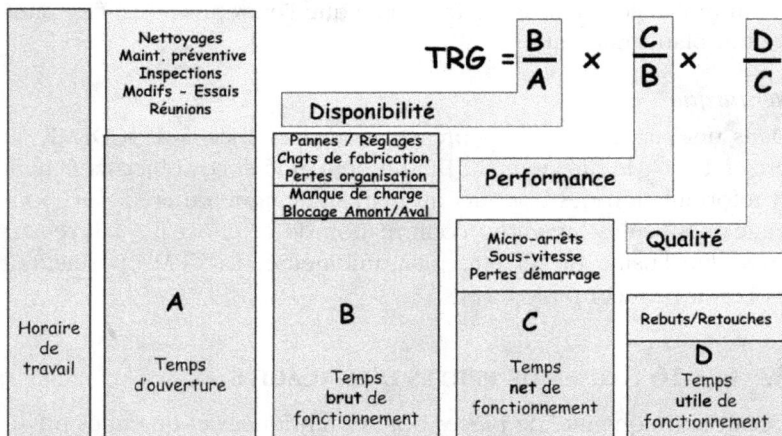

Le TRG doit être utilisé comme un outil de progrès.

Figure 6.3 – Taux de rendement global (TRG)

La TPM® dénombre 16 causes de pertes qui concernent la performance :

- des équipements,
- de la main-d'œuvre,
- des matières, outillages et fournitures,
- de l'énergie.

Et ont pour origines :

- les équipements (faiblesse ou altération de leur fiabilité intrinsèque),

- les carences de l'organisation,
- les méthodes et procédés utilisés.

3.1. Pertes dues aux équipements

Cette catégorie englobe toutes les pertes relatives à la fiabilité intrinsèque de l'équipement définie par sa conception et ses conditions d'exploitation.

On distinguera dans ces causes de pertes :

- **Les arrêts programmés** : Il s'agit des arrêts incontournables pour respecter les conditions d'exploitation intrinsèques des équipements tels que les opérations de :
  - nettoyage,
  - maintenance préventive (inspections et réparations) effectuée par le service Maintenance,
  - maintenance de 1er niveau effectuée par les opérateurs,
  - réunions 5 minutes à la prise de poste ou réunions de travail pour la réalisation des actions TPM® par les opérateurs,
  - essais lors de modifications d'équipements ou pour le lancement de nouveaux produits.

Remarques

1. Pour beaucoup de responsables, la fiabilité est associée uniquement aux pannes et donc aux problèmes relevant de la fonction maintenance alors que la liste suivante démontre qu'elles ne sont pas toujours la cause principale d'un mauvais TRG.

2. Même si les temps d'arrêts programmés sont en amont du temps d'ouverture de l'équipement, ils doivent être mesurés et minimisés (amélioration des standards provisoires).

3. Les temps de pause doivent apparaître dans cette rubrique. Il ne s'agit pas de supprimer cet « acquis » pour améliorer le TRG, mais il est intéressant d'étudier si un changement d'organisation conduirait à un temps d'ouverture supplémentaire.

- **Les pannes** : Elles correspondent à la disparition ou la dégradation de la fonction attendue. On assimile aux pannes les dépassements des temps de maintenance préventive : dépassement des temps alloués ou réalisation d'interventions urgentes durant les opérations programmées.

- **Les réglages** : Ces réglages, provoquant ou non des arrêts, démontrent que le processus n'est pas « capable » ou que les paramètres standard de conduite et de réglage sont inconnus ou non respectés par le personnel des différentes équipes postées qui pense posséder la meilleure méthode.

- **Les pertes aux démarrages** : Le démarrage ou le redémarrage d'une installation (après une panne, une pause, etc.) peut nécessiter un temps de chauffe, une marche à vide et parfois même la fabrication de pièces non conformes. Ces pertes correspondent à des minutes perdues mais aussi à des matières perdues qui doivent être valorisées dans l'inventaire des pertes.

- **La marche à vide** : La marche à vide peut être due à un manque d'alimentation de la machine : pièce coincée dans le système d'alimentation, attente départ cycle, etc.

- **Les micro-arrêts** : Ils peuvent être soit des arrêts visibles mais volontairement non enregistrés soit des défauts de cycles de durée très faible mais répétitifs.

Par exemple, en plasturgie, sur une presse d'injection le manipulateur qui évacue les pièces peut présenter un point dur ou sa cellule de positionnement peut avoir un temps de réponse plus important que prévu du fait des salissures accumulées sur sa face sensible. Ce qui peut provoquer une augmentation du temps de cycle de l'ordre d'une seconde. Défaut qui ne peut être détecté par l'opérateur mais qui représente, du fait de temps de cycle machine très court, un nombre important de pièces perdues en fin de poste ou de journée.

Très souvent ces micro-arrêts sont une cause importante de pertes. Ils seront mis en évidence par confrontation des résultats obtenus par les deux modes de calcul du TRG (quantités produites et temps).

- **La sous-vitesse** : Suite à des problèmes de qualité ou de fiabilité, la machine a pu être réglée volontairement à une vitesse inférieure à sa vitesse nominale, qui devrait être la vitesse idéale de fonctionnement. D'où l'importance de fixer ces conditions idéales.

Une diminution volontaire de **la vitesse** de l'équipement pour le synchroniser avec un équipement amont ou aval de plus faible capacité doit être comptabilisée dans cette rubrique.

- **La non-qualité – rebuts, retouches, qualité visée non obtenue** : Les rebuts représentent des temps machine perdus mais aussi des pertes matières. Ces dernières n'étant pas prises directement en compte dans le calcul du TRG, seule la valorisation de toutes les pertes permet de les exploiter.

Comme dans l'esprit de la Qualité Totale, l'objectif de la production est de fabriquer des pièces bonnes du premier coup. Une opération de retouche ne doit jamais être considérée comme faisant partie du processus normal de fabrication. Toute pièce retouchée sera prise en non-qualité dans le calcul du TRG.

Il arrive, dans certaines usines de process, lors de l'exécution d'un ordre de fabrication OF, que la qualité obtenue ne soit pas celle demandée par l'OF (épaisseur, caractéristiques techniques, composition, etc.). Même si le produit obtenu peut être stocké ou transféré en second choix ou affecté ultérieurement à un autre OF, il doit être, dans l'esprit du Juste à Temps, considéré comme une non-qualité. Le client attend « son produit » alors que le stock de produit « récupéré » déborde.

3.2. Pertes dues aux carences de l'organisation

- **Changements de fabrication** : C'est le temps perdu de la dernière pièce bonne fabriquée de l'OF qui se termine jusqu'à la première pièce bonne du nouvel OF. Même s'il est indispensable, un changement de fabrication est une perte d'efficacité.

- **Activité de l'opérateur** : Des écarts entre temps réel et temps standard peuvent exister du fait de :
  - son habileté, sa formation, son savoir-faire, son assiduité,
  - la qualité des modes opératoires.

- **Déplacements, manutentions** : Un dysfonctionnement machine, un défaut dans les matières premières, le choix d'un emplacement de stockage peut créer une manutention ou manipulation supplémentaire et donc une perte de temps opérateur et/ou machine.

- **Organisation du poste** : Il arrive assez fréquemment qu'un opérateur ait à conduire plusieurs machines. Dans ce cas, lorsqu'une machine nécessite de sa part une intervention particulière, la ou les autres machines peuvent être en attente d'une intervention. Ces pertes peuvent aussi être créées par :
  - l'ergonomie du poste,

- un décalage de temps opératoire entre postes,
- un équilibrage de ligne en fonction du besoin (adaptation de l'effectif ou de la vitesse de la ligne en fonction de la production horaire souhaitée).

Remarque

On considère dans les approches Juste à Temps et TPM® qu'une machine doit toujours être utilisée à sa capacité maximale, le temps d'ouverture étant adapté en fonction du besoin.

- **Défauts logistiques** : Il s'agit de toutes les pertes créées par les attentes de :
  - matières premières, fournitures, emballages,
  - outillages,
  - instructions,
  - moyens de manutention,
  - main-d'œuvre (retard à la prise de poste, absence, etc.).

- **Excès de mesures** :
  - mauvaise organisation du contrôle,
  - contrôles rapprochés dus au manque de confiance dans le procédé,
  - attente feu vert qualité (organisation – moyens techniques).

- **Manque de charge, blocage amont ou aval** : Nous avons précisé que le temps d'ouverture devait être fixé par le planning au moins une semaine à l'avance. Ceci pour éviter que l'équipement soit considéré comme non engagé alors qu'un arrêt imprévu se prolonge sur plusieurs postes suite à une panne de l'équipement ou à un incident survenu en amont (rupture d'approvisionnement) ou en aval (plus d'absorption des pièces fabriquées).

Si le planning ne peut pas charger l'équipement comme planifié, on fera apparaître ce manque de charge.

3.3. Pertes dues aux méthodes et procédés

En général, ces pertes n'apparaissent pas dans le TRG. Elles correspondent rarement à des minutes ou à des pièces perdues par rapport au standard mais à un coût.

Ces pertes sont évaluées par rapport à une référence issue de méthodes ou de procédés existants plus performants. Ceci montre que la mesure du TRG n'est pas suffisante, la référence commune de toutes les pertes est leur **coût**.

- **Rendement matériaux** : Ce sont les pertes de matière qui peuvent s'exprimer par le rapport :

**Quantité matières achetées/Quantité matières
vendues dans le produit fini**

Dans certaines industries, il s'agit de la mise au mille (aciéries) ou de la part des anges (distilleries). On trouvera dans ces pertes les consommations matières dues aux procédés, aux démarrages, aux réglages, aux pièces tombées au sol et aux rebuts.

- **Rendement énergétique** : Exprimé soit par rapport à une valeur théorique, soit par comparaison avec d'autres procédés ou d'autres ateliers.

- **Surconsommations d'outillages et de fournitures** :
  - casses ou usures prématurées des outillages,
  - consommation excessive d'huile de coupe ou de lubrifiant (dans de nombreuses entreprises, « l'arrosage », le « poteyage » sont réglés au maximum pour « être tranquille ». En fait on génère des salissures et des surcoûts de consommation, de récupération et de traitement et peut-être des risques d'accidents).
  - surcoût des outillages : le mauvais état de l'équipement ou le non-respect de ses conditions normales d'utilisation conduit parfois à utiliser des outils ou outillages de caractéristiques plus élevées que nécessaire.

4. COMMENT CALCULER LE **TRG** ?

Les pertes ont été classées précédemment suivant leur nature :

- manque de fiabilité des équipements,
- carences de l'organisation,
- méthodes et procédés utilisés.

Elles peuvent être différenciées suivant leur impact sur :

- le rendement de l'équipement,
- le rendement de la main-d'œuvre,
- les consommations d'énergie, de matières, d'outillages.

4.1. Exemple de calcul du TRG d'un équipement

4.1.1. *Données*

– Horaire de travail : 8 heures
– Pause : 20 min
– Arrêts programmés : nettoyage
  + préventif + réunion = 15 min
– Pannes : 30 min
– Réglages : 10 min
– Changements de consommables : 10 min
– Changements de fabrication : 30 min
	– Pièces fabriquées : 1 200 dont 3 %
	  de rebuts
	– Temps de cycle théorique : 5 pièces/min
	– Temps de cycle réel : 4 pièces/min
	– Micro-arrêts : environ 20 dans le poste
	– Marche à vide pour vidange de la
	  ligne : 10 min (assimilées à une perte
	  de performance)

4.1.2. *Résultats recherchés*

1. TRG de l'équipement
2. taux de disponibilité
3. taux de performance
4. mise en évidence des 2 causes de pertes de rendement les plus importantes

4.1.3. *Solution*

Horaire de travail : 8 heures → 480 min
Pause = 20 min
Arrêts programmés : nettoyage + préventif + réunion : 15 min

Temps d'ouverture : 480 – 20 – 15 = 445 min

La pause est incluse dans les arrêts programmés et non dans l'horaire de travail, ce qui peut permettre d'imaginer une solution pour supprimer ses effets (pause par roulement, etc.).

On peut calculer immédiatement le TRG en utilisant la relation :

TRG = Quantité pièces bonnes fabriquées/Quantités possibles
TRG = 1 200 × 0,97/(445 * 5) = 0,523

Mais nous ne connaissons pas encore les causes de pertes.

Pannes : 30 min
Réglages : 10 min
Changements consommables : 10 min

Temps brut de fonctionnement = 445 - 80 = 365 min

Changements fabrications : 30 min
Cadence théorique : 5 pièces/min
Cadence réelle : 4 pièces/min

Taux de disponibilité = 365/445 = 0,82
Temps net de fonctionnement = 1 200/5 = 240 min
Taux de performance = 240/365 = 0,657

Vérification : TRG = 0,82 × 0,657 × 0,97 = 0,523

4.1.4. *Recherche des causes principales*

La fabrication de 1 200 pièces à la cadence de 5 p/min nécessite en théorie : 1 200/5 = 240 min.

À la cadence réelle de 4 p/min on aurait dû mettre : 1 200/4 = 300 min.

Perte due à la sous-vitesse = 300 − 240 = 60 min → Taux d'allure = 4/5 = 0,80.

En réalité on a disposé de 365 min (temps brut de fonctionnement) soit une perte de 365 − 240 = 125.

Cet écart est dû :

* à la sous-vitesse = 60 min
* à la marche à vide = 10 min

Il manque : 125 − 70 = 55 min que l'on peut attribuer soit à des oublis de déclarations d'arrêts soit à des micro-arrêts.

La non-qualité représente 1 200 × 0,03 = 36 pièces soit un temps de 36/5 = 7,2 min. (On utilise la vitesse théorique, la sous-vitesse ayant été calculée pour 1 200 pièces dont 36 rebutées).

Temps utile = 240 - 7,2 = 232,8 min

Les 2 causes de pertes les plus importantes sont la sous-vitesse (60 min) et les micro-arrêts (55 min).

TRG =1200*.97 / 445*5 = 1164 / 2225 = 0.523

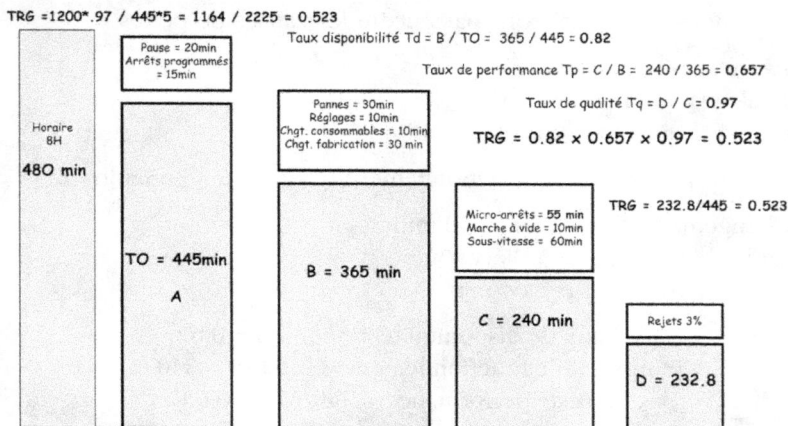

Figure 6.4 – Exemple de calcul de TRG

4.2.   Cas d'un équipement sur lequel on réalise plusieurs produits

Un équipement fabrique deux produits A et B. Sur une période de
8 heures on a relevé les paramètres de marche et les résultats suivants :

Produits	Nombre de pièces		Cadences pièces/minutes	
	Fabriquées	Dont rebutées	Gamme	Réelle
A	700	15	4	3,5
B	500	10	5	4

Le conducteur de ligne a déclaré les temps d'arrêts ci-dessous :
– Pause : 20 min
– Arrêts pour : Inspection/Nettoyage + Préventif + Point TPM = 15 min
– Pannes : 20 min
– Réglages : 10 min
– Changements de consommables : 10 min
– Changements de fabrication : 30 min
– Marche à vide pour vidange de la ligne : 10 min (assimilées à une perte de performance)

Le réglage de la cadence est réalisé à partir d'un potentiomètre de
réglage sur le pupitre de la machine. Ces écarts de cadence entre
théorique et réelle ont été décidés en accord avec les services qualité
et maintenance pour éviter de subir trop de pannes et de rebuts.

Lors de la dernière réunion de production, le directeur industriel s'est
élevé contre cette situation en faisant remarquer à tous les partenaires

et particulièrement au service méthodes production que la rentabilité de cet équipement avait été justifiée en adoptant une cadence de 5,5 pièces/min possible avec tous les produits.

Le directeur juge anormal que :

- les vitesses figurant sur les gammes ne soient pas toutes égales à 5,5 pièces/min,
- les cadences réelles soient encore inférieures aux cadences figurant sur les gammes.

Jusqu'à présent le TRG était calculé par le responsable production en prenant pour bases les cadences figurant sur les gammes.

4.2.1. *Questions*

Le directeur vous demande de calculer le TRG sur cette journée :

1. sur les bases adoptées jusqu'à ce jour (gammes prises pour référence),
2. en prenant en compte la cadence adoptée pour justifier l'investissement.

4.2.2. *Réponse*

Horaire de travail = 8 heures = **480 min**
Pause = 20 min
Arrêts programmés = 15 min

Temps ouverture : 480 – 20 – 15 = 445 min

1. Calcul basé sur les temps de gammes :

   TRG = Tu/To = (QbA/CA + QbB/CB)/To

   QbA & QbB quantités de produits bons fabriqués, CA & CB cadences correspondantes.

   TRG = [(700 – 15)/4 + (500 – 10)/5)]/445 = (171,25 + 98)/445
   = 269,25/445

   TRG = 60,5 %

2. Calcul réalisé sur la base de justification de l'investissement : cadence 5,5 pièces/min :

   TRG = [(QbA + QbB)/5,5]/445 = [(700 – 15 + 500 – 10)/5,5]/445
   = 213,64/445

   TRG = 48 %

4.3.   TRG d'une ligne de fabrication

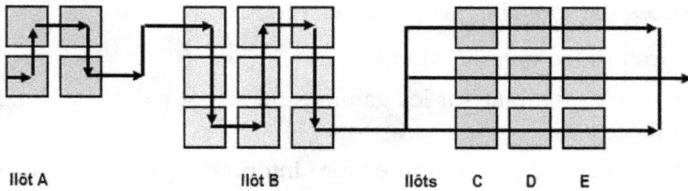

Ilôt A   Ilôt B   Ilôts   C   D   E

Figure 6.5 – TRG d'une ligne de fabrication

À l'intérieur d'un îlot on considère que les machines ont le même temps de cycle.

	NOM DE L'ÎLOT DE MACHINES	A	B	C	D	E
a	Nombre de machines dans l'îlot	4	9	3	3	3
b	Temps de cycle standard machine	1,5	1,67	5	4,8	4,5
c	Temps de cycle standard îlot = (a) × (b)	6	15,03	1,67	1,6	1,5
	Temps unitaire théorique	1,5	1,67	1,67	1,6	1,5
	Niveau goulet théorique	**5e**	**1er**	**1er**	**3e**	**4e**
d	Temps de cycle réel de l'îlot	6,8	16,6	2	1,87	2,03
e	Temps de cycle réel machine = (d)/(a)	1,7	1,84	6	5,61	6,09
h	Disponibilité en % (Mesurée)	92,5	89,2	93,7	95,3	92,6
f	Taux de vitesse en % = (b)/(e)	88,2	90,5	83,3	85,6	73,9
g	Taux de performance en % (Mesuré)[a]	80,3	76	79,9	80,3	71,4
	Taux de pertes chroniques en % = (g)/(f)	91	84,1	95,9	93,7	96,7
j	Taux de qualité en % (Mesuré)	99,5	99,8	98,8	99	99,6
	TRG = (h) × (g) × (j)	73,91	67,66	73,97	75,76	65,85
	Temps de cycle machine = (b)/TRG	2,03	2,47	6,76	6,34	6,83
	Temps unitaire réel	2,03	2,47	2,25	2,11	2,28
	Niveau goulet d'étranglement réel	**5e**	**1er**	**3e**	**4e**	**3e**

a   Taux de performance en % = $\dfrac{\text{Nombre de pièces fabriquées par l'îlot}}{\text{Temps de cycle réel de l'îlot} \times \text{Temps brut de fonctionnement}}$

Remarques

1. Il n'est pas possible de calculer le TRG d'un process en utilisant le produit, la somme ou la moyenne des TRG de chaque équipement. Il ne peut être calculé qu'à partir du rapport des quantités en sortie de ligne : produits bons/quantités possibles. Cette valeur est différente du TRG du goulet d'étranglement, les autres machines ayant une influence sur la production globale.

2. Cette simulation peut être sujette à discussion. Certains points doivent être éclaircis :
   – Les pièces défectueuses générées dans un îlot sont-elles évacuées en sortie de cet îlot ou traversent-elles tout le process ?
   – Le taux de disponibilité de chaque îlot prend-il en compte le blocage dû aux îlots précédents ou suivants ? Dans certaines fabrications (microélectronique) il existe un « tampon » de quelques pièces en amont de chaque machine.

5. COMMENT ÉVALUER L'IMPACT DU TRG SUR LE RÉSULTAT D'EXPLOITATION ?

Il est utopique de vouloir calculer les répercussions chiffrées d'une variation du TRG sur le résultat d'exploitation.

La simulation réalisée en annexe 1 n'a pour but que de montrer l'impact des variations du taux de disponibilité, du taux de performance et du taux de qualité sur les différentes composantes du coût industriel.

Pour réaliser une telle simulation, on est obligé d'adopter l'hypothèse que les gains de productivité obtenus sont absorbés par une augmentation des ventes.

Si K1, K2 et K3 sont les augmentations respectives des taux de disponibilité, performance et qualité, on constate que les quantités fabriquées sont multipliées par ces 3 coefficients. Alors que les dépenses engagées n'augmentent que du prix des matières premières et fournitures proportionnelles au volume fabriqué, les coûts MO et les coûts indirects restant constants.

Variation du résultat d'exploitation = (K1 × K2 × K3 – 1) × Ventes initiales – (K1 × K2 -1) × Achats *

* Achats = Matières + Fournitures + Emballages + Énergie

6. COMMENT DÉFINIR LES OBJECTIFS DE TRG ?

Les objectifs de TRG peuvent être fixés suivant trois modes (*cf.* figure 6.6 ci-dessous) en se rappelant qu'il est illusoire de vouloir faire des prévisions rationnelles d'augmentation de capacité d'un équipement tant que le système n'est pas stable.

Mode A : durant quelques semaines, les taux de disponibilité, de performance et de qualité sont mesurés. Chacun d'eux atteint un maximum. On prend comme objectif de faire coïncider ces maxima.

Mode B : on adopte une augmentation de 20 % par an de la valeur résiduelle du TRG sur une période de 4 ans.

Mode C : à partir de la valeur de TRG à atteindre pour être le premier sur le marché dans un laps de temps déterminé, on définit, en se référant à la loi de Pareto, que 80 % de l'objectif doivent être obtenus dans les 20 % du temps imparti.

A

	Semaines								
	36	37	38	39	40	41	42	43	44
Taux de disponibilité	0,75	0,75	0,78	0,85	0,65	0,6	0,63	0,64	0,63
Taux de performance	0,73	0,6	0,45	0,45	0,43	0,53	0,53	0,42	0,38
Taux de qualité	0,96	0,97	0,95	0,96	0,97	0,97	0,96	0,96	0,98
TRG	0,53	0,44	0,33	0,37	0,27	0,31	0,32	0,26	0,23

Objectif TRG = 0,85 × 0,73 × 0,98 = 0,61

C

TRG

Idéal pour être le premier mondial

80 %

Raisonnable

Déjà atteint

Le temps dont on dispose pour ne pas être dépassé sur le marché.

20 %

temps

B

Le gain annuel peut être de 20 à 25 % du gisement résiduel

Année	TRG	Gain résiduel	Objectif
1	80 %	20	+ 4
2	84 %	16	+ 3

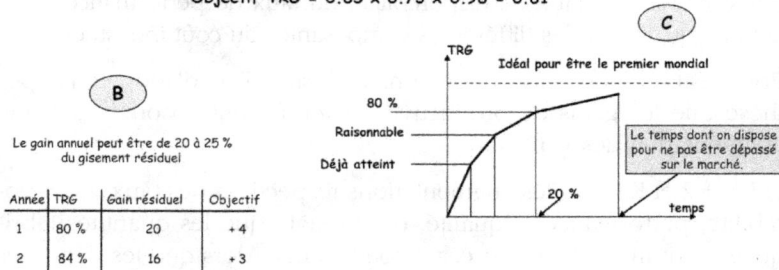

Figure 6.6 – Définition des objectifs du TRG

Des points intermédiaires peuvent être définis à partir de la valeur maximale déjà obtenue de manière exceptionnelle et une valeur apparaissant comme « raisonnable ».

7. COMMENT EXPLOITER LE TRG[1] ?

Le calcul du TRG est effectué à partir des déclarations des durées et des motifs d'arrêts ou de non-performance (seule la saisie de la durée des arrêts peut être automatisée).

Ces déclarations sont faites par les opérateurs ; d'où l'importance qu'ils soient convaincus de l'efficacité de la méthode pour qu'ils aient envie d'enregistrer les bonnes informations. Pour cela le management doit leur montrer qu'il exploite les enregistrements et qu'il choisit une stratégie appropriée en fonction du type de causes (communes ou spéciales) et qu'il agit (participation aux analyses, réalisme du plan d'action, qualité et mise en valeur des résultats obtenus).

Si l'exploitation du TRG est favorisée par le fait que l'on déclare les différents motifs de pertes de rendement, il faut porter une attention particulière au manque de fiabilité des informations dû :

* au classement dans une rubrique « divers » de certains motifs de pertes,
* aux motifs de pertes inconnus,
* aux pertes « oubliées » qui apparaissent seulement lorsqu'on compare le TRG obtenu à partir des temps à celui calculé à partir des quantités.

7.1. Mise en forme des données

On construit un graphique de contrôle (GC) en portant dans l'ordre les relevés du TRG journalier ou par équipe.

Le GC est construit pour vérifier visuellement si le processus semble stable ou non. Il n'est pas nécessaire, à ce stade, de s'inquiéter s'il existe ou non une loi statistique. Le tracé des limites peut être utilisé pour visualiser les écarts.

On pourra, lorsqu'on aura traité les points hors contrôles, recalculer les limites.

---

1. Développement non traité par le JIPM.

7.2. Exploitation

1. Porter sur le GC, dans l'ordre chronologique, les valeurs individuelles du TRG (au minimum 15 valeurs).

2. Calculer sur l'échantillon obtenu :
   - la moyenne et ses limites supérieure et inférieure :
     - ligne moyenne : $\overline{X}$
     - limite supérieure de X : UCLX = $\overline{X}$ + 2,66 . $\overline{R}$
     - limite inférieure de X : LCLX = $\overline{X}$ – 2,66 . $\overline{R}$
   - l'étendue (valeur glissante) :
     - moyenne des étendues mobiles : $\overline{R}$
     - limite supérieure de R : UCLR = 3,27 . $\overline{R}$ (limite inférieure = 0)

Remarques

- Les valeurs des paramètres 2,66 et 3,27 utilisées pour la détermination des limites de calcul des limites de la moyenne et de l'étendue et les règles de détection des causes spéciales énoncées au
  paragraphe suivant ne sont valables que pour une loi normale.

  On peut débuter la construction et l'exploitation d'une carte de
  contrôle sans utiliser ces paramètres et s'intéresser dans un premier temps aux points aberrants, symptômes évidents de causes
  spéciales. Leur utilisation, sans savoir si l'on est dans le cadre
  d'une loi normale, permet de se fixer un ordre de grandeur.

- En règle générale les causes spéciales se manifestent par :
  - tout point en dehors des limites de contrôle,
  - aux moins 7 points consécutifs sur une pente ascendante ou
    descendante,
  - aux moins 7 points consécutifs du même côté de la ligne moyenne
    (au-dessus ou au-dessous).

- Le tracé construit avec la moyenne permet de suivre l'évolution
  (croissance ou décroissance) du TRG alors que la variation de
  l'étendue indique une évolution de la dispersion des résultats
  obtenus.

3. Le graphique de contrôle peut être utilisé suivant 2 horizons
   (*cf.* figure 6.7 ci-contre) :
   - le mois glissant pour prendre immédiatement en compte
     (après validation sur le terrain) les causes spéciales.

– 6 mois glissants (mois par mois) pour mettre en évidence les résultats obtenus et, une fois le système sous contrôle, analyser les causes communes à partir des motifs de pertes.

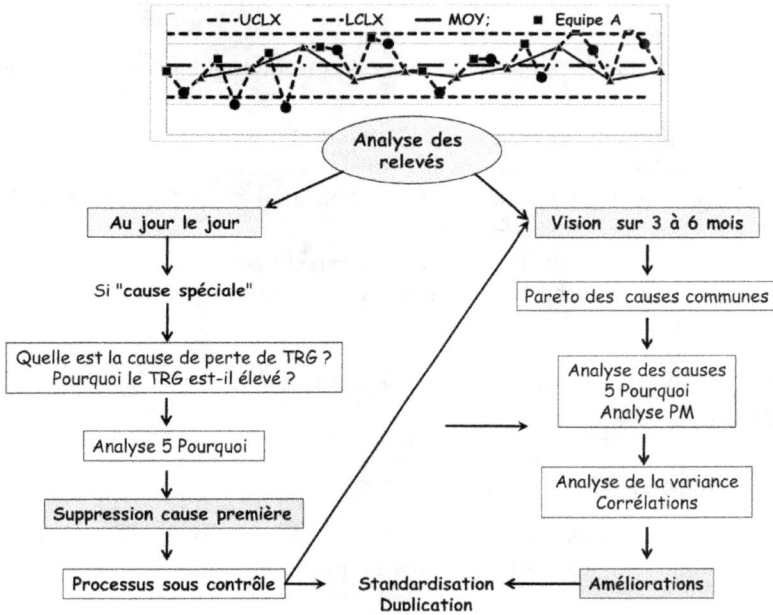

Figure 6.7 – Exploitation du TRG

- Si le système **est instable** :
  – analyser immédiatement les causes spéciales à partir des motifs de pertes,
  – corriger les erreurs, réparer, standardiser,
  – vérifier si les procédures sont définies et appliquées,
  – retrouver les conditions de base : analyse 5 Pourquoi, etc.,
  – améliorer les compétences du personnel.

Si une cause spéciale a entraîné une valeur du TRG supérieure, on en recherchera le pourquoi. La ou les causes de ce TRG élevé deviendront le nouveau standard de production si, bien entendu, elles respectent les conditions normales d'exploitation de l'équipement.

- Si le système **semble stable** : (si **encore quelques points** semblent correspondre à des causes spéciales, on peut les éliminer pour affiner les limites du GC) :
  - Mettre en place le plan de surveillance pour **réagir rapidement sur les causes spéciales** (les GC moyenne et étendue auront alors toute leur utilité).
  - Rechercher à améliorer le processus pour augmenter la moyenne du TRG et diminuer la dispersion :
    - exploiter les relevés des causes de pertes,
    - classer ces causes suivant leur importance,
    - analyser les causes : 5 Pourquoi, analyse PM, analyse de la variance – tests de corrélation,
    - modifier le système : amélioration du processus, du procédé, de l'organisation, définition des conditions optimales, standardisation.

À noter qu'il est généralement plus difficile de réduire la dispersion que de déplacer la moyenne.

7.3. Rappel des conditions de progrès

Comme nous l'avons vu au chapitre 1, **TPM® et théorie des variations**, la conduite des actions de progrès doit respecter les points suivants :

1. Il n'y a pas d'amélioration possible d'un système tant que celui-ci n'est pas stable. « Lorsque le contrôle statistique est une chose acquise, les ingénieurs peuvent s'engager dans l'amélioration continue du processus ».

2. La confusion entre les causes communes et les causes spéciales conduit à une frustration générale, à une plus grande variabilité et à des coûts élevés. Le management doit exploiter les enregistrements et choisir la stratégie appropriée en fonction du type de causes (communes ou spéciales).
   - Les employés sont responsables des activités dans le système Aucun défaut propre au système ne peut être compensé par un plus grand effort ou une plus grande habileté des ouvriers.
   - Les dirigeants sont eux-mêmes responsables de l'amélioration du système. Ils apportent les changements sur la base des informations fournies par les employés.

3. On ne peut améliorer un processus sans la participation de tous ceux qui interviennent dans celui-ci. Aucune personne ne doit ignorer ce qui se fait (difficulté de communication et d'information dans le travail posté).

L'annexe 3 décrit la méthode que nous utilisons dans les entreprises pour analyser le TRG et construire, suivant ces principes, un plan de progrès cohérent et efficace.

7.4. Causes communes et spéciales relatives au TRG

La figure 6.8 donne un exemple de répartitions entre ces deux types de causes. À noter que certaines causes spéciales ne peuvent être éliminées que par le management, par exemple :

- machine en mauvais état suite à un report d'investissement décidé par la direction,
- écart entre lots matière première dû à une spécification imprécise.

Les managers et les employés doivent garder à l'esprit que, dans la plupart des systèmes, 80 à 85 % des problèmes sont dus au système et 15 à 20 % sont dus aux employés et aux équipements.

8. DU TRG À L'AMÉLIORATION AU CAS PAR CAS

Le TRG prend en compte les quantités de produits perdus (non fabriqués) ou les heures machines perdues. Il y a d'autres pertes qui n'entrent pas dans le TRG telles que :

- surconsommation de matière due à des rebuts ou à des redémarrages,
- surconsommation d'énergie,
- coût de maintenance : heures, pièces et possession des stocks de pièces de rechange,
- coût main-d'œuvre de production perdue lors des arrêts imprévus, des retouches, des heures supplémentaires pour rattraper certains retards,
- pénalités de retard, frais de livraisons exceptionnelles, litiges, etc.

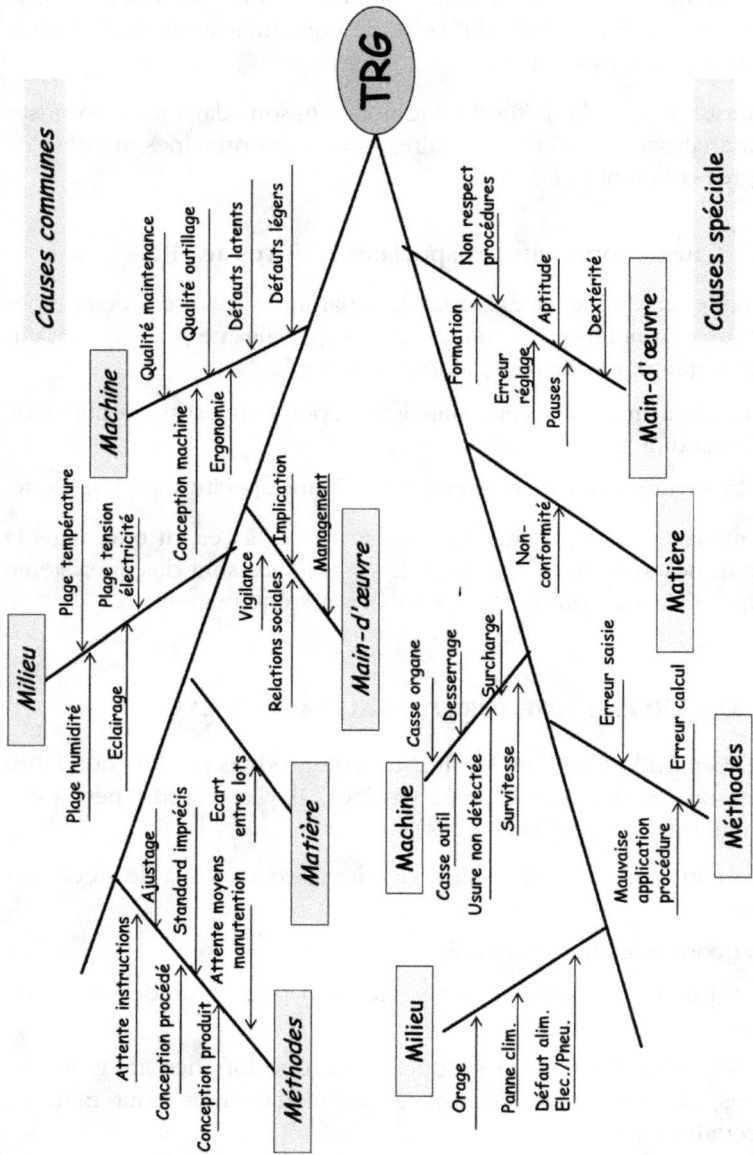

Figure 6.8 – Répartition causes communes/causes spéciales

Les surconsommations sont évaluées à partir de références connues dans d'autres secteurs ou dans d'autres domaines, mais aussi à partir d'objectifs stratégiques (marché, structure d'emploi) ou de contraintes extérieures (normes environnementales, législation, exigences clients).

La chasse aux pertes nécessite de valoriser toutes les pertes. Cette valorisation est souvent difficile et la fiabilité des résultats laisse à désirer. Par exemple, le coût d'immobilisation d'une machine est *a priori* différent du coût horaire pris en compte dans le coût de revient, en effet :

- ce coût horaire tient déjà compte de certains aléas de production,
- les coûts de main-d'œuvre peuvent être partiellement récupérés : affectation du personnel à d'autres tâches suivant la durée de l'arrêt,
- les coûts de redémarrage de l'équipement peuvent être importants,
- les consommations d'énergie ne sont pas nulles durant le temps d'arrêt.

Remarques

1. On ne prend pas en compte dans l'évaluation des pertes la marge bénéficiaire que l'on « aurait pu » réaliser car elle n'a pas un caractère constant et certain.

2. La chasse aux pertes a pour effet de supprimer certaines dépenses anormales, il n'y aura pas toujours réciprocité avec des gains financiers. Mais les actions auront une répercussion sur les éléments du PQCDSME :
   - P de Productivité pour le TRG,
   - C des Coûts,
   - d'autres éléments tels que taux qualité, taux d'accidents, etc.

3. Le pilier Chasse aux pertes est l'élément essentiel de la performance industrielle mais, ne nous trompons pas, il n'est pas suffisant ; c'est l'ensemble des piliers qui fait la puissance de la TPM® et rend pérennes ses résultats.

9. QUELLES SONT LES LIAISONS ENTRE L'AMÉLIORATION AU CAS PAR CAS ET LES AUTRES PILIERS ?

Le classement des pertes en trois familles :

- pertes dues à la fiabilité des équipements,
- pertes dues à l'organisation,
- pertes dues aux énergies, matières et outillages,

met en évidence, suivant la figure 6.9 ci-après, les différentes actions à engager :

- **qualité de l'équipement** : appropriation des équipements par les opérateurs et efficacité de la fonction maintenance : piliers 2 & 3,
- **connaissance et savoir-faire du personnel** : pilier 4,
- **maintenance de la qualité** par la maîtrise des 4 M : pilier 6,
- **efficacité de l'organisation et des services administratifs** : pilier 7.

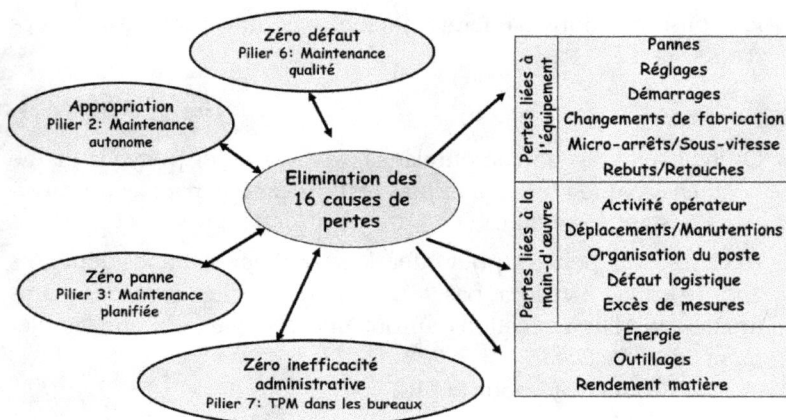

Figure 6.9 – Décomposition des 16 causes de pertes

10. MÉTHODOLOGIE DE LA CHASSE AUX PERTES

L'objectif est de diviser par 3 à 5 le coût des pertes. Des groupes de travail « chasse aux pertes » réalisent un inventaire exhaustif des pertes en s'appuyant sur les composantes du TRG et des coûts de revient (directs et indirects). Le périmètre d'investigation de ces groupes est défini par le niveau de détail existant dans la connaissance des coûts de revient. Les coûts d'énergie, de main-d'œuvre, de défaillance ne peuvent pas être détaillés au niveau de chaque équipement.

La figure 6.10 présente les 8 étapes de la conduite du pilier. Les pertes sont classées dans une matrice (*cf.* annexe 2). L'objectif est de quantifier toutes les pertes en euros. Cela n'étant pas toujours possible, il ne faut pas que le souci de valorisation retarde le choix des projets. Il est plus simple de lancer certains projets en se basant sur une des composantes du TRG ou sur l'unité la plus représentative de la consommation engendrée par la perte. Durant la phase d'analyse du problème, les différentes composantes des coûts pourront alors être chiffrées.

La matrice des pertes est complétée par la recherche des causes principales. Elles doivent être confirmées par une analyse sur le terrain et non issues d'un jugement de valeur.

La matrice des pertes associée à un classement type Pareto permettent à la direction de fixer, en fonction de sa politique et de sa stratégie, les priorités, les délais, les objectifs de gains, et de désigner les responsables de projets. Ces objectifs sont établis sur plusieurs années et s'appuient éventuellement sur les valeurs obtenues par d'autres usines ou par la concurrence.

Chaque responsable de projet constitue un groupe de travail qui a pour premier objectif de mettre en évidence les différents facteurs à l'origine de la perte. Si les causes ne sont pas fractionnées en facteurs suffisamment fins, on ne pourra pas pousser assez loin l'analyse et le traitement ne sera pas efficace. On retrouve ici l'origine du terme analyse au cas par cas ou facteur par facteur.

Une consolidation des pertes par secteurs et par piliers permet de gérer plus facilement le projet TPM® au niveau de l'usine. Les résultats obtenus doivent être mis en valeur par un plan de communication usine. Il est important de montrer que l'on travaille et que l'on obtient des résultats.

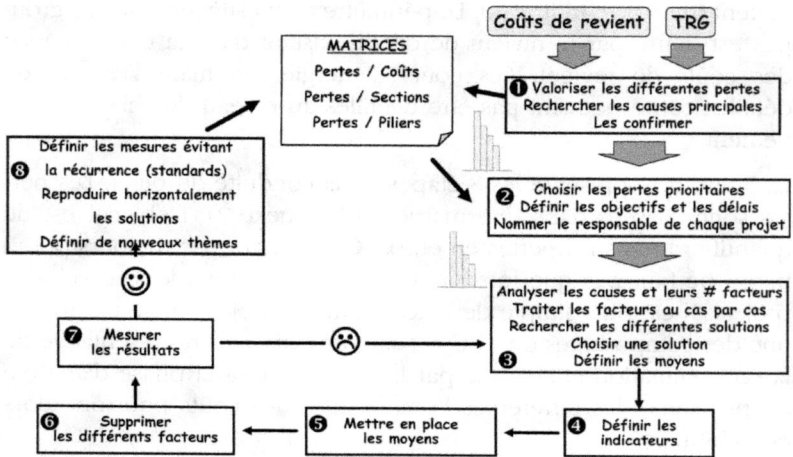

Figure 6.10 – Méthodologie du pilier 1

Remarques

1. Mise en place d'un chantier pilote :
   - En général il n'est pas possible, par manque d'éléments de mesure, de planifier la chasse aux pertes dès le démarrage de la TPM®. Un chantier pilote sera choisi et traité par un groupe projet composé de chefs de service, d'ingénieurs et techniciens issus de différents services. Ce premier chantier leur permettra d'apprendre les techniques d'analyse TPM® et les méthodes Kaizen, ils comprendront ainsi la nécessité d'être rigoureux et exigeront cette rigueur tout au long de la démarche.
   - Ce chantier pilote conduit à lever des doutes tels que : « Chez nous ça ne marchera pas ».
   - On verra que les 8 étapes de développement de la TPM® sont précédées de 2 étapes consacrées à la sélection de l'équipement pilote et à l'organisation du groupe projet.
   - Le pilote est choisi en fonction de l'importance des pertes qu'il engendre et de la possibilité de duplication horizontale des solutions apportées.

2. La matrice pertes/coûts est construite à partir d'un inventaire exhaustif des pertes. Elle alimente la chasse aux pertes de manière continue et non par période de planification comme c'est souvent le cas dans les entreprises.

11. MESURER LES 8 PERTES LIÉES AUX ÉQUIPEMENTS

Les pertes de performance de l'équipement sont dues :

* aux changements d'outillages ou de fabrication,
* aux démarrages,
* aux réglages,
* aux défauts et retouches,
* aux pannes,
* aux micro-arrêts et marche à vide,
* à la sous-vitesse,
* aux arrêts programmés.

Ces 8 pertes ont un impact sur la **disponibilité**, la **performance** et la **qualité** obtenue. Le TRG est égal à la multiplication de ces 3 taux :

TRG = Taux de disponibilité × Taux de performance × Taux de qualité

12. COMMENT SUPPRIMER LES 8 PERTES RELATIVES AUX ÉQUIPEMENTS ?

Pour agir sur ces pertes il faut tout d'abord les connaître. Cela peut apparaître comme une lapalissade mais l'expérience montre que l'on oublie souvent des éléments et que les gammes de fabrication entérinent certaines pertes.

La déclaration des arrêts de l'équipement peut être faite par les opérateurs eux-mêmes, c'est ce qui se fait déjà en gestion de production avec une précision qui laisse parfois à désirer. Ce qui conduit certaines entreprises à opter pour des systèmes de saisie semi-automatique (si la durée de l'arrêt peut être enregistrée automatiquement, sa cause doit encore être renseignée par l'opérateur).

Il est préférable de tester les déclarations manuelles pour définir un cahier des charges correct, certaines pertes étant difficiles à saisir même en automatique.

Un système automatique risque d'éloigner les opérateurs de la performance de la machine. Pour obtenir de bonnes informations de leur part il faut :

- leur expliquer le but de la saisie et insister sur le fait que la détection des vrais problèmes nécessite de disposer d'informations fiables,

- les impliquer dans l'analyse des résultats et la recherche des améliorations,

- favoriser leurs propositions d'améliorations (c'est un objectif essentiel de la Maintenance autonome),

- les informer des projets de suppression des pertes et mettre en évidence les progrès réalisés,

- agir vite : c'est la preuve de la volonté de gagner de la direction.

12.1. Actions sur les changements d'outillages

Le SMED (Single Minute Exchange of Die ou changement de fabrication en moins de 10 minutes) est la méthode la plus utilisée pour diminuer cette perte. On constate couramment que la correction d'une mauvaise organisation permet déjà de diviser ces temps par deux. Certaines entreprises s'en satisfont alors qu'elles devraient faire le bilan économique entre les investissements techniques à prévoir pour arriver à 10 minutes et le coût d'immobilisation de l'équipement. Même si votre fabrication actuelle est « rentable », demain un concurrent peut devenir meilleur que vous !

Il existe des méthodes encore plus ambitieuses telles que :

- OTED : One Touch Exchange of Die – Changement automatique par simple commande de l'opérateur.

- NOTED : No Touch Exchange of Die – Changement automatique programmé.

Remarque

Les résultats obtenus par le SMED sont parfois difficiles à maintenir si l'esprit de progrès permanent basé sur un suivi des performances n'est pas créé dans l'atelier. De plus ils ne se répercutent pas toujours sur le TRG. En effet l'entreprise peut profiter de la diminution des temps pour améliorer sa flexibilité et/ou diminuer ses stocks en programmant des séries plus courtes. La mesure du temps de changement doit être corrélée avec le nombre de changements effectués.

12.2. Actions sur les pertes dues aux démarrages

Afin de traiter la cause première de ces pertes, on devra déterminer si elles sont dues :

* à l'organisation des horaires de travail,
* aux pannes, réglages ou incidents,
* aux changements de série.

12.3. Actions sur les réglages

Comme nous l'avons évoqué, la nécessité d'un réglage provient de causes spéciales. Les méthodes de contrôle statistique de procédés permettent de déterminer le type de causes concernées (spéciales ou communes), mais aussi de vérifier si la capabilité du process est compatible, ou non, avec les tolérances demandées par le client.

12.4. Actions sur les défauts et retouches

Les actions précédentes sont complétées par des contrôles efficaces et en particulier l'utilisation du contrôle statistique. De plus, un des objectifs de la TPM® est de faire comprendre aux opérateurs (mais aussi aux techniciens de maintenance) la relation entre **qualité du produit** et **état de l'équipement**.

Sur les chaînes de montage ou d'assemblage, la compétence de l'opérateur se traduit par sa capacité à détecter qu'il se passe quelque chose d'anormal lors de l'assemblage.

12.5. Action sur les pannes

On doit définir ce qu'est une panne : interruption ou perturbation du fonctionnement de l'équipement (disponibilité, performance, qualité, sécurité). Nous verrons au paragraphe suivant la corrélation entre la conception d'un équipement, ses conditions d'exploitation et la politique de maintenance à adopter.

12.6. Micro-arrêts et pertes chroniques

Dégradations naturelles ou dégradations forcées peuvent créer :

* des défauts critiques ou importants se traduisant généralement par une panne,

• mais aussi des défauts légers qui peuvent rester latents et qui par synergie dans le temps créent soit des pannes soit des défaillances dites chroniques.

La figure 6.11 ci-dessous schématise cette répartition.

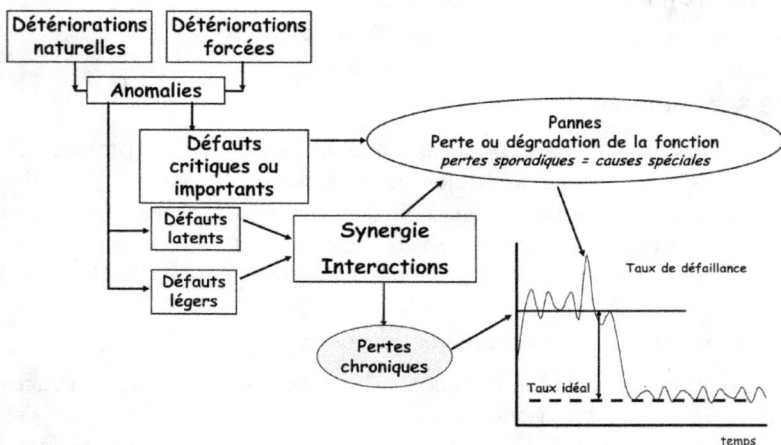

Il faut trouver des mesures innovantes pour réduire le taux de pertes à sa limite basse !

Figure 6.11 – Pertes sporadiques et chroniques

Les défaillances chroniques sont souvent dues aux défauts légers ou latents dont on ne s'est pas occupé. Elles sont à l'origine des problèmes répétitifs et fréquents rencontrés par les opérateurs et les techniciens de maintenance tels que : micro-arrêts, sous-vitesses, marches à vide ou défauts qualités intermittents.

Ces pertes sont dites chroniques car elles évoluent lentement. Ce sont elles qui représentent le « caillou » que les opérateurs ou les techniciens maintenance ont dans leur chaussure.

• Lorsqu'on a voulu s'en occuper, leur traitement a été abandonné, car les actions engagées prises dans l'urgence n'ont pas donné de résultat.

• Avec le temps, elles deviennent fatales, on a pris l'habitude de vivre avec. On constate même que l'encadrement n'est pas au courant de ces problèmes ou en a pris lui aussi l'habitude.

- On les découvre à nouveau lorsqu'on forme un nouvel opérateur ou lorsqu'on automatise la machine.

- Elles ont des origines variées difficiles à identifier, leurs relations Causes/Effets sont difficiles à établir car elles dépendent de nombreux facteurs qui peuvent se combiner de façon différente d'une fois sur l'autre. Ces facteurs ne sont pas unitairement détectables ou au contraire semblent négligeables.

- Les interventions sur les machines, les défauts d'automatismes sont plus souvent dus à des défauts légers tels que boulons desserrés, poussières, débris, faux contacts qu'à de gros incidents.

Pour casser cet effet de synergie des défauts légers, il est indispensable :

- de détecter de manière exhaustive toutes les anomalies existantes sur l'équipement. Ce sera un des axes majeurs de la maintenance autonome,

- d'analyser les phénomènes en se référant aux règles et principes de base (8 conditions de base définissant **comment** doit être l'équipement) et en examinant leurs relations avec le bon fonctionnement de l'équipement.

Dans les deux cas, étant incapable de juger de l'importance de ces défauts, on ne s'attache pas à déterminer le taux de contribution des différents facteurs (dans ce cas les défauts légers seraient encore une fois remisés au second ordre), mais on en recherche toutes les causes théoriques possibles.

La non-détection et la non-suppression de ces défauts légers sont dues à des phénomènes physiques et psychologiques :

- phénomènes physiques : les défauts ne peuvent être détectés du fait de la conception de l'équipement (accessibilité, visibilité),

- phénomènes psychologiques : indifférence et manque de connaissance du personnel de production et/ou de maintenance, focalisation sur les défauts jugés « importants » de manière arbitraire.

12.7. Action sur la sous-vitesse

Pour traiter ce type de perte, on explore des pistes telles que : respect des 8 conditions de base de l'équipement, remise dans son état normal, amélioration de sa fiabilité, équilibrage des capacités des différents sous-ensembles de la ligne de production.

12.8. Action sur les arrêts programmés

Les arrêts programmés diminuent le temps d'ouverture de l'équipement. Même s'ils n'interviennent pas dans le calcul du TRG et ne sont pas considérés comme une perte au sens strict, ils doivent être enregistrés et analysés en ayant pour objectif de diminuer leur durée par :

- la suppression des causes de salissures,
- l'amélioration de l'accessibilité,
- la visualisation des paramètres de fonctionnement,
- l'optimisation de la maintenance préventive,
- l'amélioration de la fiabilité et de la maintenabilité de l'équipement.

13. CONCEPTION ET CONDITIONS D'EXPLOITATION DES ÉQUIPEMENTS

13.1. Rappel relatif à la courbe de durée de vie des composants

Lorsqu'on met en service un grand nombre de composants identiques, on constate pour cette population trois périodes de **dégradations naturelles** représentées par la figure 6.12, dite de « la courbe en baignoire ».

- Dans un premier temps, un nombre important de composants tombe en panne. Mais le taux d'avarie décroît relativement vite et se stabilise. Ce phénomène appelé « défaut de jeunesse » ou « pannes infantiles » est dû à une mauvaise fabrication ou un mauvais montage.

- Après cette période, le taux de pannes est le plus faible et constant. Cette période est appelée « période de vie » utile car ce n'est que durant cette période que l'on peut utiliser les équipements avec un risque minimum de pannes.

- La période de vie utile peut être relativement courte pour des composants électromécaniques et presque inexistante pour des composants mécaniques. En effet les phénomènes de vieillissement (usure, fatigue, etc.) sont prépondérants et le taux d'avarie croît rapidement (3e période).

- Pour des composants électroniques, cette période est longue mais peut être interrompue par une période de vieillissement.

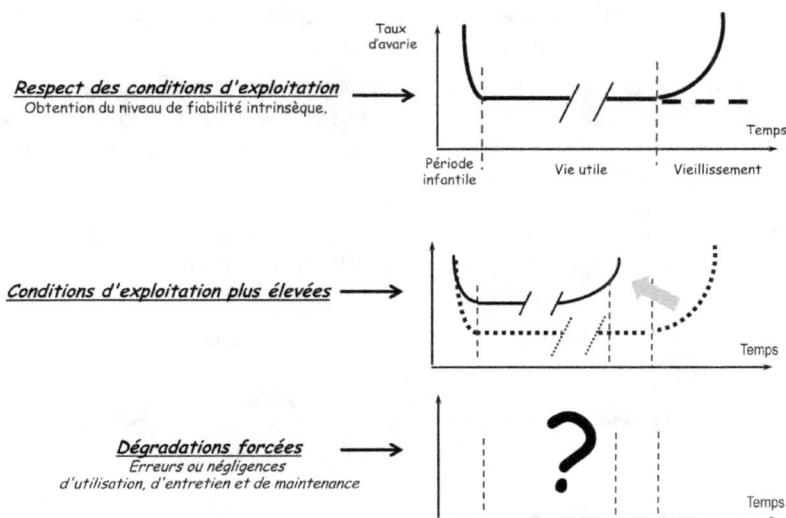

Figure 6.12 – Évolution de la durée de vie

Dans des conditions d'utilisation déterminées, un composant se situe, en fonction de sa durée d'utilisation ou de son âge, dans l'une de ces périodes.

En TPM® on utilise, par opposition aux défaillances naturelles représentées par la courbe de durée de vie, le terme de **dégradations forcées** lorsque ces conditions ne sont plus respectées :

- soit lorsqu'elles dépassent celles prises en compte dans la conception de l'équipement. La représentation statistique des durées de vie des composants est encore valide mais celles-ci sont alors raccourcies. De plus l'ensemble des courbes est déplacé vers le haut comme représenté dans la figure 6.12,

• soit lorsque des erreurs d'utilisation, d'entretien ou de maintenance rendent imprévisible le comportement de l'équipement.

Dans le respect des conditions d'utilisation d'un équipement, on ne subira que les défaillances correspondant à la période de vie utile et dont la probabilité est minimale si :

• les pannes infantiles sont éliminées par l'utilisation de pièces de bonne qualité et un montage soigneux,

• l'usure ou la fatigue des composants est détectée par un programme de maintenance préventive approprié permettant de remplacer les composants avant que leur défaillance ne perturbe le bon fonctionnement de l'équipement.

Le Zéro panne n'est pas une utopie mais il nécessite le changement de comportement des hommes de production et de maintenance.

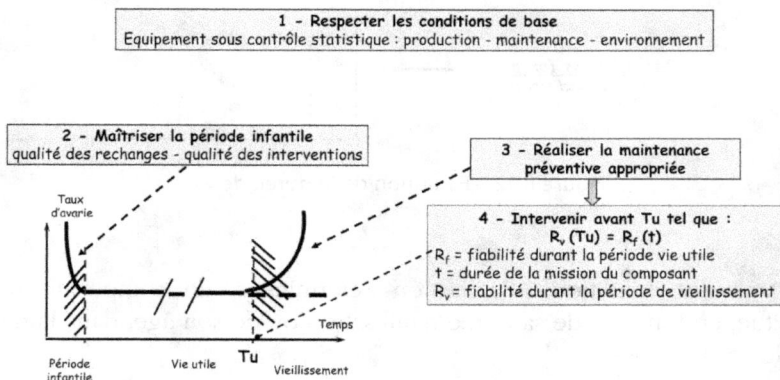

Figure 6.13 – Conditions d'obtention du Zéro panne

Un équipement étant constitué de milliers de composants dont les fiabilités se multiplient, pour obtenir le Zéro panne, il faut avant tout conserver la fiabilité nominale de chaque composant. D'où l'exigence, lors des interventions de dépannage, de ne pas se limiter au remplacement des pièces défectueuses mais d'expertiser les pièces qui auraient pu subir des contraintes anormales du fait de la panne.

13.2. Conception et fiabilité d'un équipement

La conception d'un équipement prend en compte les attentes de l'utilisateur (produit fabriqué, productivité, disponibilité, qualité, etc.) et les conditions d'exploitation du matériel (contraintes d'utilisation et d'environnement).

Ces données orientent le choix des technologies, des matériaux, des tolérances, des états de surface, des couples de serrage, etc. mais aussi des conditions d'usinage, de montage et d'installation.

Suivant la figure 6.14 page suivante la conception définit :

- les conditions standard d'exploitation : **comment doit être** l'équipement et **comment il doit être exploité** par la production et la maintenance ? C'est-à-dire :
  - les conditions d'utilisation : contraintes admissibles : charge, vitesse, outillages, etc.,
  - l'environnement prévu : milieu, organisation de l'entreprise,
  - les opérations d'entretien courant,
  - l'état de référence de l'équipement : absence d'anomalies et de négligences, qualité des réparations,
  - la formation du personnel : opérateurs, régleurs, techniciens.
- la **fiabilité intrinsèque** de l'équipement, c'est-à-dire les phénomènes attendus de dégradations naturelles et la probabilité de défaillance qui en découle. Ceux-ci orientent :
  - la politique de maintenance à adopter en fonction du niveau de risque de panne accepté,
  - la définition du stock de pièces de rechange.
- la **maintenabilité** de l'équipement :
  - facilité de contrôle et de réparation de l'équipement,
  - pièces à tenir en stock (pièces ou sous-ensembles ?).

Le non-respect des deux « comment » entraîne une diminution de la fiabilité intrinsèque qui devient la **fiabilité opérationnelle de l'équipement**.

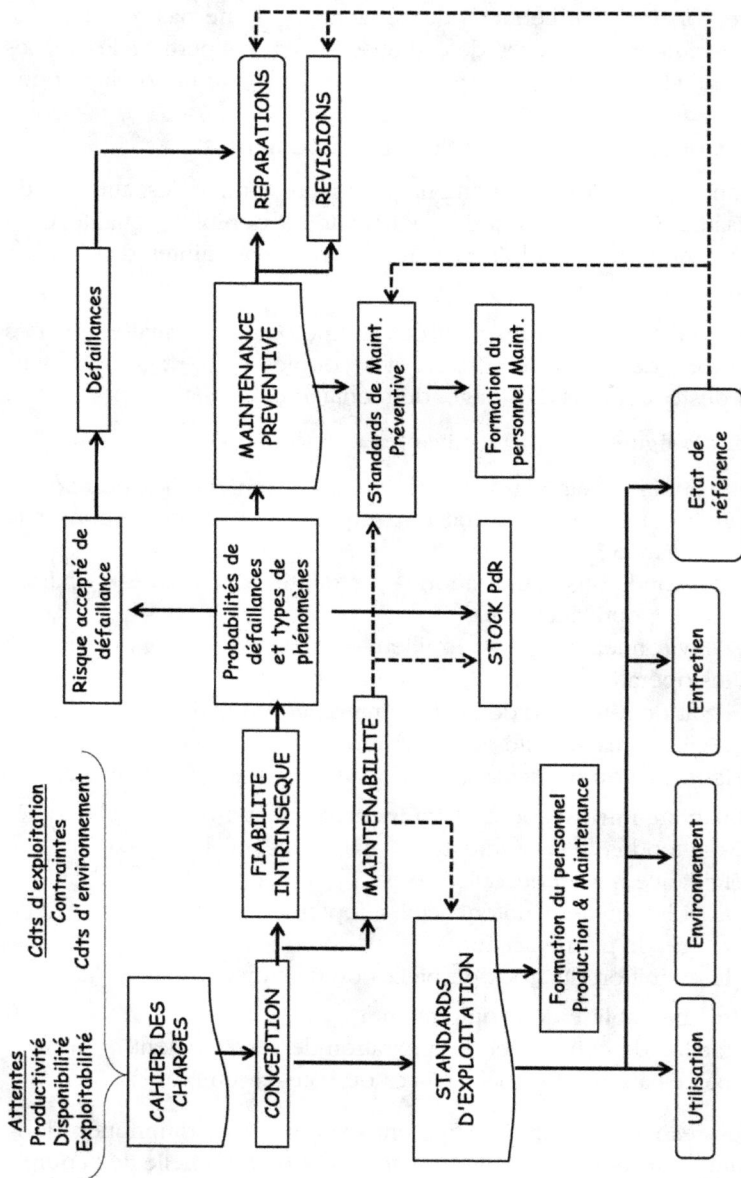

Figure 6.14 – Définition des conditions d'exploitation d'un équipement

13.3. Les 5 mesures pour maintenir ou retrouver la fiabilité intrinsèque

Ces mesures découlent de la définition des deux « comment » :

1. Respecter les conditions de base (production et entretien) :
    – nettoyage et suppression des causes de salissures,
    – serrage correct de toute la boulonnerie,
    – définition et bien entendu respect des standards d'entretien et de lubrification.

2. Appliquer les conditions opératoires :
    – concordance entre contraintes créées par les produits (charges, vitesse, milieu) et caractéristiques de l'équipement,
    – compensation des faiblesses,
    – standardisation des modes opératoires,
    – définition, amélioration et standardisation des conditions d'exploitation,
    – protection des composants contre les agressions extérieures.

3. Éliminer les négligences de maintenance :
    – réparer les dégradations négligées par manque de rigueur ou de moyens,
    – prévenir les détériorations : inspection par les cinq sens, réparations, standards d'inspections quotidiennes,
    – analyser les points faibles et estimer les durées de vie, définir les critères de détection des dégradations,
    – définir les méthodes de réparations : standards d'expertise et de réparation,
    – améliorer la maintenabilité : contrôles, réparations, outillages, pièces standardisées, définition des pièces de rechange, etc.

4. Prévenir les erreurs humaines :
    – d'exploitation : analyse des causes d'erreurs, amélioration des pupitres de commande, détrompeurs, visualisation, standardisation des modes de conduite et de réglage, amélioration des connaissances et du savoir-faire,
    – de maintenance : analyse des causes d'erreurs, amélioration de la documentation, des modes opératoires, des outillages, des moyens de mesure, du stockage des pièces de rechange, définition et amélioration des modes de détection des anomalies, formation.

5. Supprimer les erreurs de conception :
   - améliorations structurelles,
   - suppression des contraintes excessives et/ou renforcement des caractéristiques.

La mise en œuvre de ces cinq mesures, et donc l'obtention du Zéro panne, est réalisée principalement par le développement des piliers **2 : Gestion autonome des équipements** et **3 : Maintenance planifiée.**

14. QUELS OUTILS UTILISER POUR L'AMÉLIORATION AU CAS PAR CAS ?

Le pilier 1 s'appuie sur un ensemble de méthodes et outils :

- **traditionnels** tels que : AMDEC associée à l'analyse préalable des risques, arbre des défaillances ou arbre des événements, 5 Pourquoi, 5 M, arbre des causes, analyse des flux,
- **spécifiques à la TPM®** : analyse PM, matrice Assurance qualité + analyse 4 M.

Pour chaque projet un document de suivi (*cf.* annexe 4) est utilisé systématiquement ; il rappelle le document dit A3 utilisé par Toyota. Il sert à expliquer (en particulier aux consultants JIPM, lors des audits des prix PM) les différentes étapes ayant conduit à une amélioration. C'est aussi un support de diffusion pour généralisation et de mémorisation.

Il est peut-être utile de rappeler les points clés de ce document qui sont ceux des méthodes de résolution de problèmes :

1. Préciser le sujet (il apparaît en titre de tous les documents relatifs à la présentation).
2. Décrire le fonctionnement normal de l'équipement ou du processus.
3. Décrire le problème que l'on a voulu traiter ou supprimer.
4. Quantifier ce problème (nombre de pannes, de défauts, coût, sécurité, conditions de travail, etc.).
5. Décrire les enjeux pour l'entreprise (coûts, délais…).
6. Présenter les objectifs chiffrés adoptés pour l'année en cours et les années suivantes.

7. Expliquer l'analyse effectuée (Pareto, 5 M, 5 Pourquoi, etc.).
8. Préciser ce qui nous a conduits à choisir cette solution.
9. Indiquer les résultats obtenus.
10. Décrire les mesures de verrouillage mises en place.
11. Présenter en conclusion les actions futures envisagées par le groupe (amélioration complémentaire, reproduction horizontale, autre sujet d'amélioration…).

15. L'ANALYSE 5 POURQUOI (OU WHY-WHY ANALYSIS)[1]

Chacun de nous étant enfant a utilisé cette méthode « Dis Papa pourquoi ? … et pourquoi ? … ». Cela finit parfois assez mal car le père n'a plus la patience de répondre ou ne sait plus répondre. C'est la démarche que nous allons utiliser mais en allant jusqu'à son terme.

On dispose ici d'une méthode de résolution de problème qui a pour but de supprimer la cause première du problème et ne veut pas se satisfaire d'un contrôle ou d'une sécurité supplémentaire.

Taïchi Ohno (véritable fondateur du Toyota Production Système) précise que « l'action correctrice efficace est celle qui agit sur la cause profonde et non sur la cause apparente ».

Il est sans doute judicieux de rappeler encore une fois deux évidences :

1. Un problème est un écart mesuré entre une situation **réelle** et une situation **souhaitée**,
2. Il n'y a pas de problème s'il n'y a pas de mesure.

L'analyse 5 Pourquoi peut être représentée par la figure 6.15 page suivante. La plupart des problèmes se résolvent sans aller jusqu'à 5 Pourquoi. Mais attention de ne pas s'arrêter aux mesures palliatives. Il est incohérent d'arrêter les 5 Pourquoi lorsqu'on a trouvé l'opération de contrôle ou de surveillance à confier à un opérateur ou à un technicien. **Il faut vouloir supprimer la cause !**

---

1. Une analyse 5 Pourquoi doit être réalisée pour chaque incident ou panne survenu sur un équipement prioritaire. Le nombre de problèmes tués (pas seulement étudiés !) est un des indicateurs principaux de la TPM®.

15.1. Mode d'emploi de l'analyse 5 Pourquoi

Il suffit de se poser plusieurs fois la question **pourquoi** et répondre à chaque **pourquoi** en décrivant les phénomènes physiques. Ce travail est effectué par un groupe composé de personnel de production et de maintenance et de spécialistes du domaine concerné (*cf.* remarque 1). D'où le déroulement du groupe de travail :

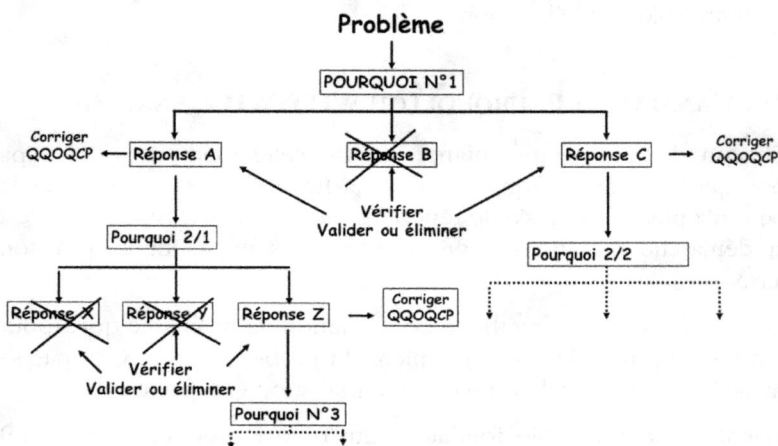

Figure 6.15 – Structure des 5 Pourquoi

1. Énoncer clairement le problème :
   - aller sur le terrain,
   - s'attacher aux faits, aux actions ou événements qui se sont réellement déroulés,
   - comparer la situation existante aux standards (mesure).

2. Clarifier le problème (le vrai problème) :
   - décrire les faits de façon objective, faire un schéma, chaque personne devant être d'accord sur leurs formulations, ne pas porter de jugement de valeur, ne pas interpréter.

3. Localiser la zone où se trouve la cause probable :
   - approche Caractéristique/Contrainte pour classifier la cause probable (par exemple : le problème peut provenir soit d'un effort mécanique demandé trop important soit d'une puissance fournie trop faible).

4. Dérouler les 5 Pourquoi :
   – à chaque Pourquoi imaginer les différentes causes possibles en :
     - utilisant éventuellement les 5 M,
     - se référant aux conditions idéales.
   – pour chaque cause envisagée :
     - vérifier son existence sur le terrain (*cf.* remarque 2),
     - valider ou éliminer la cause,
     - définir la ou les corrections à apporter. **Mais ne pas s'arrêter là !**
   – chaque cause retenue devient **un nouveau** problème à résoudre.

Attention : On ne doit pas chercher à répondre à un pourquoi de niveau N avant d'avoir validé ou éliminé par un contrôle sur le terrain toutes les causes envisagées au niveau N-1.

5. Évaluer le résultat final, standardiser et s'il y a lieu dupliquer les corrections aux autres équipements.

Remarques

1. La présence d'un spécialiste améliore la performance du groupe à condition qu'il ait une bonne capacité d'écoute.

2. La vérification sur le terrain des hypothèses avancées peut demander un certain délai bien qu'elles puissent être partagées entre les différents membres du groupe. On doit, bien entendu, définir comment seront vérifiées ces hypothèses et quel est l'état **normal** (ce qui est en soi-même une source de progrès non négligeable).

3. Nous présenterons au chapitre 11 une autre méthode d'analyse : l'analyse PM qui est utilisée lorsqu'on a déjà atteint 0,5 % de pannes ou de défauts et que les méthodes traditionnelles – arbre des causes, 5 Pourquoi, 5 M – deviennent insuffisantes.

4. Le directeur d'une usine Toyota[1] que l'on interrogeait sur l'utilisation des méthodes 6 Sigma a répondu à son interlocuteur : « Chez Toyota on ne complique pas les choses et on utilise très peu d'outils statistiques complexes. Les spécialistes qualité et les employés disposent en tout et pour tout de 4 outils :

---

1. *Le modèle Toyota*, Jeffrey LIKER, Village Mondial Pearson.

- aller voir sur le terrain,
- analyser la situation (interactions au niveau physique),
- utiliser le flux pièce à pièce et le système Andon[1] pour mettre au jour les problèmes,
- poser 5 fois la question pourquoi ».

---

1. *Cf.* glossaire.

Chapitre 7

Pilier 2 : Maintenance autonome

1. Dégradations forcées et dégradations naturelles

Nous avons précisé, lors de l'analyse du taux de rendement global du système de production, qu'il existait trois grandes familles de pertes :

- les pertes dues à la fiabilité des équipements,
- les pertes dues à l'organisation,
- les pertes dues aux méthodes et aux procédés.

La conduite du pilier 1 : Amélioration au cas par cas nécessite, si l'on veut être sûr de détecter les **vrais problèmes**, de retrouver la fiabilité intrinsèque des équipements. Pour cela il est indispensable d'appliquer les 5 mesures que nous avons déjà évoquées :

1. Respecter les conditions de base.
2. Appliquer les conditions opératoires standard.
3. Éliminer les négligences de maintenance.
4. Prévenir les erreurs humaines (exploitation et maintenance).
5. Supprimer les faiblesses de conception.

Les opérateurs qui « vivent avec leur équipement » ont un rôle important à jouer dans l'application de ces cinq mesures. Ils ont un impact sur sa bonne utilisation. Ils peuvent voir, détecter et même « sentir » les changements d'état, de comportement de l'équipement.

Il existe des pertes dues à l'activité des opérateurs mais, ne nous trompons pas et l'inventaire des seize causes de pertes le démontre, les pertes sont créées par l'ensemble de l'entreprise.

Suivant la répartition entre causes spéciales et causes communes, il n'est pas possible :

- d'appliquer initialement la loi des 20/80 (une amélioration du système n'est pas suffisante si elle n'est pas comprise et appliquée sur le terrain),

- de compter sur les ouvriers pour pallier les problèmes dus à la stratégie, au management, à l'organisation de l'entreprise (c'est pourtant ce que l'on a fait avec les cercles de qualité et ce que tentent de faire certains dirigeants en croyant que les 5 S ou la maintenance de 1er niveau résoudront les problèmes de production).

La TPM® est conduite suivant le schéma de la figure 7.1 pour supprimer les pertes dues :

- au système, c'est le rôle du management,
- au non-respect des conditions de base. C'est l'action sur le terrain du pilier Maintenance autonome.

Pertes d'efficacité du système de production

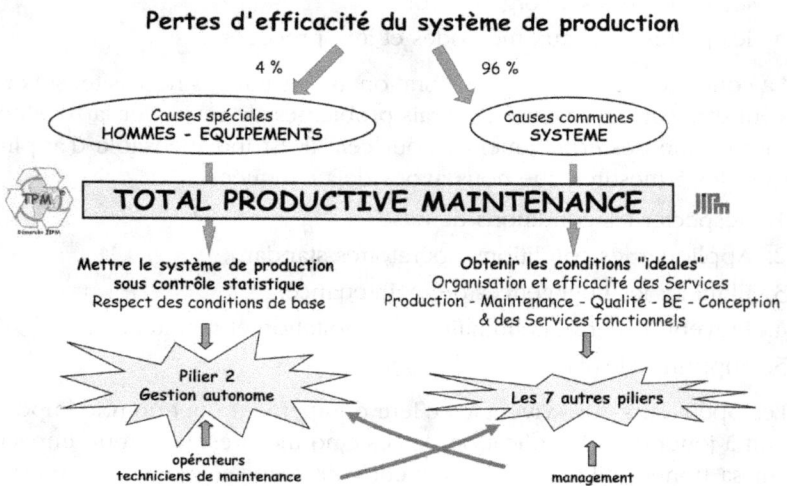

Figure 7.1 – TPM® et approche système

2. QUELS SONT LES OBJECTIFS DE LA MAINTENANCE AUTONOME ?

Ce pilier a pour objectifs de :

- permettre aux opérateurs de contribuer au rendement optimal de l'équipement et de le pérenniser,

- rendre les opérateurs responsables de la qualité de leur équipement,
- fournir au management les informations qui lui permettront d'améliorer le système de production.

Ce n'est pas, pour les opérateurs, réparer leurs machines mais pouvoir :

1. Respecter strictement les conditions de base et les conditions opératoires.
2. Verrouiller complètement et définitivement les causes de dégradations forcées des équipements :
   - agressions extérieures,
   - non-respect des conditions de normalité,
   - erreurs humaines.
3. Découvrir les dégradations en surveillant l'aspect de la machine et en détectant ses changements de comportement.
4. Comprendre la relation entre l'état de l'équipement et la qualité obtenue.
5. Participer au KAIZEN des ressources de production.
6. Améliorer leurs connaissances et leur savoir-faire[1] relatifs aux modes opératoires, aux techniques d'inspection, de montage et de réglage.
7. Réaliser des opérations simples de maintenance.

Cela correspond au changement de culture que nous avons évoqué en avant-propos. Le JIPM résume sa démarche en disant :

**« SI les équipements changent,
ALORS le personnel changera,
PUIS la culture changera »**

Cette évolution est construite à partir des 7 étapes de la maintenance autonome :

- les étapes 1 à 3 permettent de retrouver l'état normal des équipements,

---

1. Connaissance et savoir-faire pourraient être regroupés sous le terme de compétence.

- les étapes 4 et 5 conduisent au changement du comportement des hommes,
- les étapes 6 et 7 rendent les hommes autonomes et donc apportent ce changement de culture.

Le JIPM utilise le terme de Maintenance autonome pour ce pilier, en fait il vise la Gestion autonome des équipements par les opérateurs. Ce qui renforce la notion de groupes autonomes ou unités élémentaires de production (UEP) développés dans certaines entreprises. On peut d'ailleurs penser que ce pilier est la condition nécessaire et suffisante à la création de ces groupes.

3. DÉTECTER LES ANOMALIES

En TPM®, nous appelons **anomalie** toute non-conformité par rapport aux conditions de base et aux conditions opératoires de l'équipement. Conditions qui définissent sa fiabilité intrinsèque. Ce sont ces anomalies qui constituent les défauts latents et qui par synergie sont à l'origine des défaillances chroniques et des pannes. Pour retrouver l'état normal des équipements il faut chasser ces anomalies (les détecter et les éliminer).

Inventaire des anomalies

Cette liste n'est pas limitative, c'est un échantillon de ce que l'on peut découvrir en inspectant un équipement à condition de retrouver son esprit critique et de faire abstraction de ce qui a toujours existé ou est demeuré inaperçu suite à des changements progressifs au cours des années d'utilisation.

Il n'est pas rare de découvrir une cinquantaine d'anomalies sur une petite ligne de fabrication conduite par deux ou trois personnes. Certaines usines on atteint en deux ou trois ans le chiffre de 20 à 30 000 anomalies.

- État de l'équipement
  - Usure, jeu, frottements, vibrations, bruits anormaux, échauffements.
  - Pièces détériorées ou blessées.
  - Détériorations des protections, des chemins de câbles.
  - Fuites d'huile, d'air comprimé, de matière.

– État des groupes hydrauliques : fuites, qualité de l'huile, niveaux non respectés ou non visibles, propreté, température.
– Usure poulies, courroies, alignement.

- **Salissures**
  – Encrassement de la machine et de son environnement par les poussières, les matières, les déchets de fabrication ou les fluides utilisés.
  – Systèmes de récupération des déchets défectueux, détériorés, inadaptés, difficiles à vidanger et à nettoyer.
  – Pièces, glissières, détecteurs recouverts d'huile ou de déchets.
  – Sous-ensembles cachés par des capots difficilement démontables et envahis par la saleté.
  – Colmatage filtres de ventilation, d'aspiration d'air ou de fluide.
  – Grilles d'aspiration et ventilateurs moteurs encrassés.
  – Non-optimisation des débits de fluides d'arrosage ou de coupe.
  – Absence d'outils de nettoyage ou moyens inappropriés.

- **Fixations**
  – Desserrage des boulons, des organes de fixation. On estime que 5 à 15 % des boulons ou vis sont mal serrés : trop ou pas assez (*cf.* remarque 1).
  – Pièces mal fixées, mal positionnées.
  – Têtes de vis ou écrous détériorés ou non standardisés (plusieurs types de vis sur un même capot).
  – Manque de pièces.
  – Frottements des câbles ou des flexibles les uns sur les autres, sur les bâtis, sur les pièces en mouvement.

- **Lubrification**
  – Qualité du plan de lubrification, respect de celui-ci.
  – Manque de lubrification ou graissage surabondant, systèmes de graissage centralisé détériorés, tuyauteries écrasées, graisseurs peints, cassés ou non accessibles.

- **Non-respect des conditions nominales**
  – Conditions nominales non définies (comment doit être l'équipement).
  – Conditions nominales non respectées.
  – Modes de réglage non respectés.

- **Visibilité/Accessibilité/Environnement**
  - Difficulté d'accès pour nettoyer, contrôler certains organes.
  - Manque de visibilité pour reconnaître les tuyauteries, tuyauteries inutiles (*cf.* remarque 2).
  - Non-repérage des valeurs nominales (manomètres, débitmètres, niveaux, etc.), des positions normales des vannes, de la nature et du sens de circulation des fluides.
  - Non-repérage des boutons de commande et des voyants sur les pupitres.
  - Difficulté de démontage des capots pour nettoyage ou contrôle.
  - Mauvais rangement des outils (*cf.* remarque 3), outillages, fournitures, appareils de mesure, récipients d'huile ou de graisse, des moyens de nettoyage ou de manutention.
  - Outillages défectueux ou « bricolés »
  - Mauvais stockage des matières premières et des produits finis.
  - Mauvaise implantation de certains organes.

- **Sécurité**
  - Défauts de sécurité.
  - Détériorations protections.
  - Sécurités « shuntées » (cela existe, avant de vouloir sévir il faut trouver et supprimer la cause chronique qui incite les opérateurs à agir de cette manière).

- **Problèmes récurrents**
  - Défauts de cycle.
  - Défaillances ou incidents répétitifs non résolus.
  - Défaillances chroniques.

Remarques

1. Des consultants JIPM qui ont vérifié dans une usine le serrage de plusieurs dizaines de milliers de boulons ont constaté que 32 % des écrous contrôlés étaient desserrés. Après resserrage de ceux-ci le taux de performance a augmenté de 9 %.

2. Dans une aciérie l'inspection/nettoyage initiale d'un « finisseur » a permis :
   - de dégager environ 20 tonnes de calamine, graisse, poussière,
   - d'éliminer 10 tonnes de tuyauteries, de coffrets et câbles électriques.

3. Un tableau de rangement des outils sur lequel apparaît le profil de chaque outil ne sert à rien s'il est implanté trop loin du lieu d'utilisation. Le meilleur lieu de rangement est celui où « tombe » l'outil lorsqu'on le lâche en fin d'utilisation. Il faut utiliser le bon sens des opérateurs pour « organiser cette chute ».

4. FAIRE LA CHASSE AUX ANOMALIES

4.1. Utilisation d'étiquettes

Toutes ces anomalies sont repérées et visualisées sur l'équipement. Si la direction veut montrer qu'elle attache une importance au retour à l'état normal des équipements elle doit fixer un délai court pour la réparation de ces anomalies. En général la direction fixe un objectif de 1 mois.

Les étiquettes (*cf.* figure 7.2) sont constituées de deux feuillets auto-copiants. Le premier est utilisé pour la gestion de l'anomalie sur le tableau d'affichage maintenance autonome. Le deuxième feuillet cartonné est accroché à la machine, au plus proche de l'anomalie constatée. Il y restera tant que l'anomalie n'est pas supprimée.

On dit souvent que l'on transforme les machines en « sapins de Noël » Cette méthode n'a pas seulement un aspect ludique, elle :

* fait prendre conscience à tous (opérateurs, techniciens maintenance mais aussi encadrement et direction) de l'écart entre l'état actuel de l'équipement et son état normal,

* démontre que si l'on veut voir **les vrais problèmes** il faut d'abord retrouver cet état normal. Dans les ateliers on met en avant les aspects conception, process, compétences du personnel avant d'être sûr que les équipements sont dans leur état normal,

* rend visibles par tous les anomalies détectées, en particulier par les opérateurs des différentes équipes postées,

* définit ce que l'on attend de l'équipement et donc une première approche de sa normalité,

* permet de **suivre le retour** à l'**état normal** de l'équipement.

BFN *Conseils*

N° 1221

Equipement : ....

Date : .... / .... / ....

Trouvée par : ....

Anomalie constatée

....

....

....

Traitée le : ....

Par : ....

TPM®

Figure 7.2 – Exemple d'étiquette

Il est très important :

- de noter sur l'étiquette le constat d'anomalie et non la solution envisagée. Celle-ci sera élaborée plus tard avec la participation éventuelle des spécialistes. Cette précaution évite bien des critiques ou même des rejets *a priori*. D'autant plus que ces étiquettes sont principalement utilisées par les opérateurs,
- que la personne qui a découvert l'anomalie inscrive son nom sur l'étiquette. C'est à elle que l'on s'adressera pour obtenir des renseignements supplémentaires. C'est elle qui validera la réparation. Cela est surtout important pour l'opérateur à qui on demande d'être responsable de la qualité de son équipement,

- de réserver les étiquettes au repérage des anomalies c'est-à-dire d'une non-conformité par rapport à l'état initial. Les propositions d'améliorations seront mémorisées différemment.

On utilise deux couleurs d'étiquettes, en général des rouges et des bleues ; cela permet de distinguer les anomalies qui nécessitent l'intervention des techniciens de maintenance, outillage, méthodes (étiquettes rouges) de celles qui peuvent être traitées par les opérateurs (étiquettes bleues).

On privilégie dans le temps les étiquettes bleues. Bien sûr, les opérateurs doivent produire et non réparer, mais réparer soi-même responsabilise, c'est s'intéresser à son équipement et se former avec l'aide de la hiérarchie ou des spécialistes.

Remarques

1. L'affichage des étiquettes sur la machine et sur le tableau maintenance autonome constitue un mode de management visuel des anomalies.

2. La communication entre production, maintenance, autres services a lieu lors de réunions devant le tableau d'affichage et non caché derrière un outil informatique tel qu'une GMao.

4.2. Prise en compte des anomalies

Certaines entreprises comprennent mal la chasse aux anomalies. Cette difficulté provient de nos mentalités, de nos difficultés à appréhender l'impact important de la normalité de l'équipement sur sa performance et la qualité du produit. Combien de fois ai-je entendu des jugements subjectifs tels que :

- « Ce n'est pas grave, ça ne nous empêche pas de produire. »
- « Cela a toujours existé. »
- « On l'a déjà signalé, mais rien n'est fait. »

Lorsque les responsables arrivent à accepter les anomalies, à les reconnaître comme telles, ils se rabattent sur l'organisation de leur traitement en exigeant de fixer des priorités et des délais, de les enregistrer, puis en dernier recours sur le manque de budget alloué.

Il est difficile de faire admettre aux différents acteurs qu'ils ne peuvent pas :

- évaluer le niveau de contribution des anomalies aux défauts rencontrés,
- connaître la cause première de l'anomalie (la preuve en est fournie par l'impossibilité d'exploiter les historiques de pannes),
- estimer depuis quand existent ces anomalies,
- prévoir si elles se reproduiront.

Étant dans l'impossibilité de répondre à ces différentes questions il y a deux attitudes possibles :

- ne rien faire, puisqu'on ne sait pas. C'est la solution « bien de chez nous »,
- supprimer **toutes** les anomalies en se basant sur la loi de Heinrich. Ce dernier avait étudié, dans les entreprises américaines, la relation entre situation potentielle d'accident et accident du travail et relevé une proportion constante entre accident grave et situation potentielle.

Cette loi appliquée aux anomalies peut être représentée par le schéma ci-après. Les chiffres utilisés ne sont pas le résultat d'une analyse statistique, mais le reflet d'une certaine expérience.

Sur 300 anomalies détectées :

- 200 ne sont que des **défauts latents** (poussières, saletés) qui peuvent avoir des effets à moyen ou long terme,
- 90 sont des **défauts légers**, tels qu'oxydation, rayures, qui ont probablement une faible influence sur l'équipement,
- 9 sont **critiques** et peuvent provoquer de graves ennuis,
- 1 est **grave** et a des conséquences importantes sur la qualité du produit ou sur la disponibilité de l'équipement.

Suivant le constat de Heinrich, le rapport de 1/300 est constant quel que soit le niveau de prévention adopté par l'entreprise. On ne sait pas comment diminuer ces proportions, communes à tous les équipements. La seule solution possible pour ne pas subir de défauts graves ou critiques est donc de diminuer le nombre d'anomalies.

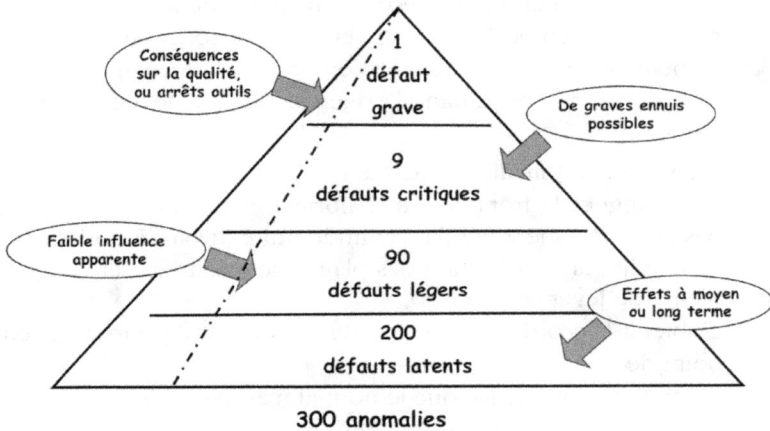

Figure 7.3 – Triangle de Heinrich

Un délai de traitement des étiquettes court (1 mois) permet de se dispenser de fixer des délais plus précis et évite de mettre en place un outil sophistiqué de gestion des étiquettes et des délais.

En ce qui concerne le budget nécessaire, il sert surtout d'excuse pour ne pas faire. On sait qu'en moyenne le traitement d'une étiquette coûte 100 euros, mais on ne sait pas mettre en parallèle les pertes et les réparations évitées.

Le président d'une grande entreprise française a répondu à un de ses cadres qui lui demandait de préciser le budget dont il pouvait disposer pour traiter les anomalies : « Je vous accorde une enveloppe illimitée car je sais que les dépenses engagées ne bouleverseront pas les budgets ; elles seront mineures par rapport aux résultats obtenus ».

Par contre il est important de définir un compte de dépenses au sein du budget maintenance pour suivre ce que l'on fait et montrer à travers les chiffres la volonté de la direction.

Remarques

1. Lors du lancement de la chasse aux anomalies, on a tendance à se focaliser sur les anomalies jugées « importantes » qui sont dues souvent au laxisme des années précédentes. Leur suppression

amènera bien entendu des résultats mais les défauts chroniques persisteront et empêcheront de stabiliser le fonctionnement de l'équipement. De plus, cette sélection brouille le message que l'on veut transmettre concernant l'exigence de qualité de l'équipement.

2. La chasse aux anomalies nécessite :
   - de distinguer la frontière entre **normal** et **anormal** (on ne doit pas accepter une zone d'incertitude qui équivaut à une source de conflit ; la visualisation des plages de valeur en étape 2 permettra de lever ces doutes),
   - d'obtenir l'accord du groupe et de ne pas se satisfaire d'un seul point de vue,
   - de prendre conscience que le normal n'est pas l'idéal mais l'état négocié et qu'il pourra être affiné dans le temps.

4.3. Inspection/Nettoyage

La chasse aux anomalies est toujours associée à un nettoyage, surtout lors du lancement de la maintenance autonome sur un équipement. Le nettoyage n'est pas une fin en soi, on ne se contente pas d'une approche centrifuge, extérieure, mais d'une inspection à la loupe jusqu'au cœur de l'équipement en démontant tous les capots et même certains organes.

Le nettoyage nous oblige à nous approcher de la machine, à la toucher, à la regarder de près. Ce qui permet :

- de faire apparaître les anomalies (boulons desserrés ou manquants, jeu, conducteurs non fixés ou inutiles, etc.),
- de détecter d'où proviennent les fuites (c'est lorsque la machine est propre que l'on peut voir où se crée la fuite),
- d'évaluer la vitesse d'encrassement donc la fréquence des nettoyages,
- de suivre l'avancement de l'inspection et de visualiser les zones oubliées,
- de créer l'appropriation de l'équipement par les opérateurs. « J'ai peiné pour nettoyer, je ne veux pas recommencer tous les jours, il faut qu'**ensemble** nous trouvions les solutions pour que la machine ne se salisse plus ».

Dans un premier temps on souhaite protéger l'équipement contre les dégradations forcées mais l'objectif final est de supprimer les causes premières de dégradation.

5. CONDUIRE LA MAINTENANCE AUTONOME EN 7 ÉTAPES

Le pilier Maintenance autonome comprend 7 étapes suivant la figure 7.4 ci-dessous. Le personnel ayant été au préalable informé du projet TPM® décidé par la direction.

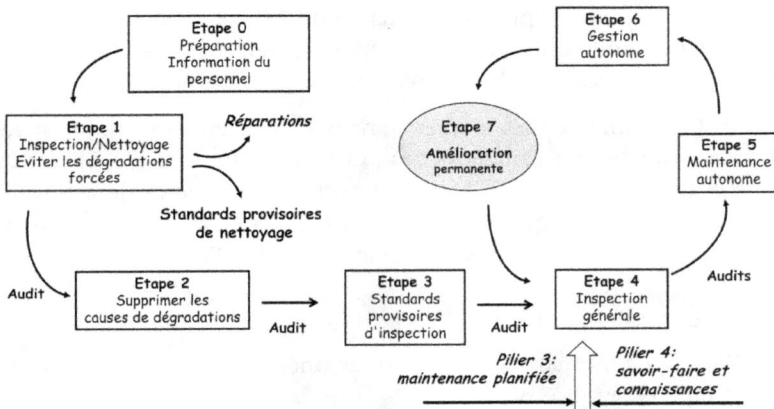

Figure 7.4 – Les 7 étapes de la maintenance autonome

5.1. Objectifs des différentes étapes

Étape 0 : Rappeler les principes de la maintenance autonome, réactiver la sensibilisation du personnel. Préparer l'étape 1.

Étape 1 : Inspecter/Nettoyer, détecter les anomalies, réparer.

Étape 2 : Supprimer les causes premières d'anomalies. Protéger la machine si on ne sait pas encore faire autrement. Faciliter le nettoyage, la lubrification, le contrôle. Améliorer l'accès aux endroits difficiles pour toutes ces opérations.

Étape 3 : Établir avec les opérateurs et les techniciens de maintenance les standards provisoires de Nettoyage/Inspection, de lubrification et de contrôle de la boulonnerie puis les mettre en œuvre.

Étape 4 : Définir les inspections et les interventions réalisées par les opérateurs. Former les opérateurs (connaissances de base et techniques d'inspection) pour les rendre capables d'assurer ces inspections de routine.

Étape 5 : Mettre en œuvre la maintenance autonome (inspections suivant les standards et réparation des anomalies). Rendre les opérateurs responsables de l'appréciation des standards.

Étape 6 : Étendre et optimiser la maintenance autonome. Les opérateurs gèrent eux-mêmes la performance de leur machine, la disponibilité des outillages et des consommables.

Étape 7 : Augmenter les connaissances des opérateurs pour qu'ils puissent participer à l'amélioration permanente de leur travail et à la chasse aux pertes. La TPM® devient partie intégrante de leur travail. C'est dans cet esprit que nous avons associé la GPEC (Gestion Prévisionnelle des Emplois et des Compétences) à la TPM® (*cf.* figure 1.1).

5.2. Les audits TPM®

Les 7 étapes sont menées à la suite les unes des autres. Un audit de fin d'étape est réalisé pour :

- vérifier que toutes les actions prévues dans l'étape en cours ont bien été exécutées,
- évaluer l'état des équipements et l'implication des hommes par rapport à l'exigence de l'étape,
- s'assurer que les points relatifs à la préparation de l'étape suivante ont été préparés,
- reconnaître le travail des opérateurs et des techniciens maintenance.

Tout audit est un référentiel de ce qui doit être acquis et préparé pour passer à l'étape suivante. Chaque audit a une structure très précise (points à vérifier, système de cotation, score exigé). Le JIPM distingue les audits relatifs aux installations de process de ceux appliqués aux lignes d'assemblage.

Les audits TPM® se différencient de ceux utilisés habituellement dans les systèmes qualité. Ils ont pour objectif de reconnaître le travail (et non le démérite) du personnel et sont appliqués suivant 3 niveaux :

* un audit **autonome** effectué par les opérateurs qui jugent eux-mêmes la conformité de leur travail par rapport aux objectifs de l'étape,
* deux audits **hiérarchiques** identiques, le premier est réalisé par le responsable d'atelier, le second par la direction.

Remarque

Un audit validé par la direction n'est pas renouvelé dans le temps. Par contre à partir de l'étape 2 chaque audit vérifie que les progrès obtenus durant les étapes précédentes sont bien maintenus.

5.3. Étape 0 : Information du personnel

Cette étape est destinée à rappeler au personnel :

* les principes de la TPM®,
* le processus des dégradations forcées et l'importance des anomalies,
* les différentes anomalies possibles,
* la corrélation entre nettoyage et inspection,
* le fonctionnement de l'équipement et sa place dans le process,
* les problèmes principaux et les incidents récurrents rencontrés,
* les risques présentés par l'Inspection/Nettoyage.

5.4. Étape 1 : Inspection/Nettoyage initial

L'Inspection/Nettoyage est l'action essentielle du lancement de la maintenance autonome sur un équipement. Elle a pour but de détecter les anomalies, les sources de salissures et les zones difficiles d'accès.

Cette étape est réalisée en différentes phases :

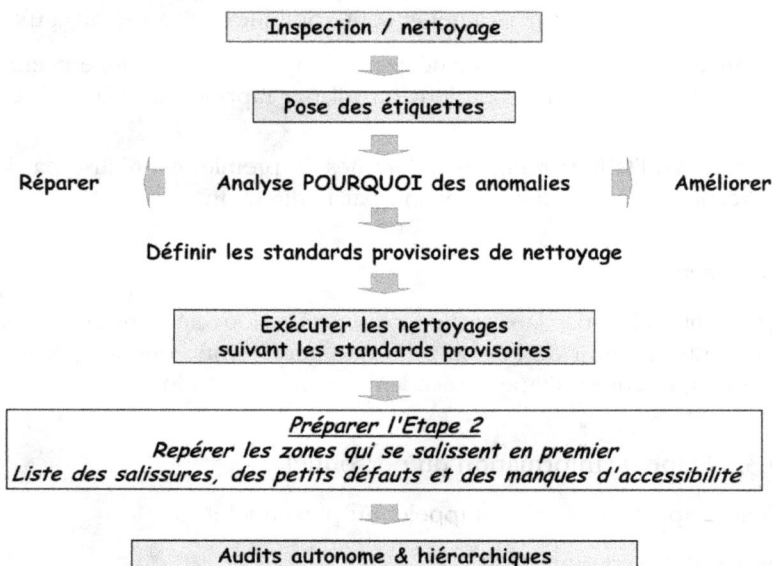

| Inspection / nettoyage |

| Pose des étiquettes |

Réparer ⇐ Analyse POURQUOI des anomalies ⇒ Améliorer

Définir les standards provisoires de nettoyage

| Exécuter les nettoyages
suivant les standards provisoires |

| *Préparer l'Etape 2*
Repérer les zones qui se salissent en premier
Liste des salissures, des petits défauts et des manques d'accessibilité |

| Audits autonome & hiérarchiques |

Figure 7.5 – Processus étape 1

Phase 1 : Préparation de l'inspection.

Phase 2 : Définition des responsabilités.

Phase 3 : Inspection/Nettoyage.

Les anomalies sont repérées par deux étiquettes (un exemplaire sur la machine, l'autre conservé par le participant). Les techniciens de maintenance aident les opérateurs à détecter les anomalies et leur donnent des explications sur le fonctionnement de l'équipement et la nature des anomalies. Face aux anomalies, ils doivent parfois lutter contre leur travers qui leur fait dire : « Ce n'est pas grave, cela ne t'empêche pas de produire ».

Remarques

1. La phase 3 est effectuée, si possible, en une seule fois avec l'ensemble des opérateurs travaillant sur l'installation. Des techni-

ciens de maintenance, des membres de l'encadrement production, maintenance et autres services participent à cette action.

2. Elle ne doit pas être faite à la va-vite.

3. Elle doit être minutieusement préparée (outillages, répartition du personnel, définition des différentes zones affectées au personnel, « timing », consignes de sécurité, consignation). Ceci est important. La TPM® a été présentée comme une démarche qualité donc exigeant de la rigueur. Le management doit montrer l'exemple.

4. Elle nécessite le démontage des capots de protection et de certains organes.

Phase 4 : Analyse des étiquettes et réparations.

Durant cette phase les étiquettes sont validées : est-ce bien une anomalie ? L'étiquette est-elle de la bonne couleur ? Quelle en est la cause ? Elles seront, dans les jours ou semaines suivantes, corrigées par le personnel de production (étiquettes bleues) et par les techniciens de maintenance (étiquettes rouges).

Des réunions hebdomadaires maintenance/production, devant le tableau d'affichage, permettent de valider les réparations et les nouvelles anomalies détectées.

Phase 5 : Inspections/Nettoyages réguliers.

Des standards provisoires de nettoyage sont élaborés avec les opérateurs et les techniciens de maintenance. Ils sont destinés à :

- découvrir de nouvelles anomalies (le système d'étiquettes est intégré à la conduite des équipements),
- maintenir la propreté de l'équipement, en particulier aux endroits stratégiques, tant que les causes n'ont pas été supprimées,
- donner la même référence à tout le personnel des équipes postées,
- repérer les zones de salissures et les manques d'accessibilité afin de préparer l'étape 2.

Il est parfois nécessaire de programmer dans chaque équipe postée des opérations de moindre envergure que celle de la phase 3 pour dynamiser la détection des anomalies.

Phase 6 : Audit autonome.

Pour chaque zone de l'équipement, le pilote du groupe Maintenance autonome énonce un par un les différents points du document d'audit et chacun (opérateurs, techniciens de maintenance) fait son propre diagnostic. L'audit autonome n'est pas validé tant qu'il existe des anomalies non repérées. Un modèle d'audit process suivant le modèle JIPM est donné en annexe 5.

Phase 7 : Audits hiérarchiques.

Si le 1ᵉʳ audit hiérarchique réalisé par le chef d'atelier permet d'étalonner le niveau d'exigence, l'audit réalisé par la direction est destiné à montrer l'importance qu'elle donne à la démarche et à reconnaître le travail des opérateurs et des techniciens de maintenance.

Notamment il est demandé aux opérateurs de présenter les améliorations qu'ils ont réalisées durant cette étape.

Remarques

1. Durant l'étape 1, il est nécessaire de bien faire comprendre aux opérateurs « le pourquoi des nettoyages ». Il faut nettoyer pour :
   - détecter les anomalies avant qu'elles ne créent un dysfonctionnement,
   - éviter les dégradations forcées dues aux salissures,
   - ne pas se laisser dépasser par les salissures,
   - nous obliger à la rigueur,
   - apprendre à respecter l'équipement,
   - nous pousser à rechercher des améliorations (Kaizen).

2. La mise en place de standards provisoires de nettoyage est indispensable afin que toutes les équipes postées aient la même référence et qu'il n'y ait pas de reproches possibles entre le groupe autonome responsable d'une partie de l'équipement et les autres groupes qui gèrent une autre partie.

3. Les standards de nettoyage ou d'inspection sont toujours provisoires. Ce n'est pas, comme le croyait un directeur, parce qu'on estime que l'on n'aura pas la persévérance de les appliquer très longtemps, mais parce que les tâches à réaliser doivent être simplifiées pour demander moins de temps ou mieux être supprimées suite à des améliorations.

4. Le standard présenté en annexe 6 suivant le modèle JIPM comporte une colonne « durée actuelle » et « durée améliorée ». Il n'y a pas d'objectif précis, mais cela permet de garder en permanence à l'esprit la volonté de simplification et de montrer que l'on progresse.

5. L'étape 1 prend du temps, de 9 mois à 1 an suivant l'importance des équipements. Durant cette période on doit résister aux sirènes de la maintenance de 1er niveau. Il est nécessaire avant de vouloir confier aux opérateurs certains contrôles (dans la TPM® ils sont très simples et se limitent jusqu'à l'étape 4 à des inspections relatives à la propreté, la lubrification, le serrage de la boulonnerie et la détection des anomalies) de :
   - leur apprendre à être exigeants vis-à-vis de la propreté et de l'état de l'équipement (c'est un changement de mentalité qui demande du temps),
   - supprimer ou minimiser les causes de salissures et les zones difficiles d'accès (nettoyage et contrôle). Le nettoyage d'un équipe-

ment qui se salit en permanence ou le contrôle d'organes qui se dégradent de manière récurrente rappelle le mythe de Sisyphe.

5.5. Organisation des groupes de maintenance autonome

La réalisation de la maintenance autonome est basée sur le travail en groupe. Un groupe maintenance autonome est constitué d'opérateurs de la même équipe postée travaillant sur l'équipement et est animé par le hiérarchique direct des opérateurs que l'on nomme souvent « Pilote ou Leader de groupe maintenance autonome » ou plus simplement « Pilote TPM » (chef d'équipe, responsable unité de travail, etc.).

Pour que le groupe se sente responsable d'un territoire il faut que ce dernier lui soit propre et qu'il ne soit pas trop grand. Il faut trouver un compromis entre la taille de l'équipement et le nombre d'opérateurs concernés.

La taille de l'équipement et une évaluation du nombre d'anomalies possibles permettent de décider si le lancement de l'étape 1 peut avoir lieu sur l'ensemble de l'équipement ou non.

Une zone de l'équipement étant affectée au groupe, celui-ci traite les étiquettes bleues, recherche les améliorations, construit les standards provisoires de cette zone. Bien entendu un opérateur appartenant à un autre groupe mais qui travaille dans cette zone devra lui aussi détecter les anomalies et appliquer les standards. Les pilotes et la hiérarchie assurent la coordination entre les différents groupes. Celle-ci est favorisée par la création d'un « Comité Pilotes TPM® ».

À ces groupes sont associés des « correspondants maintenance, méthodes, qualité, outillage ». Ils sont invités de manière organisée par les pilotes. Les techniciens associés à ces groupes doivent avoir une certaine autonomie pour répondre aux besoins des groupes en particulier pour :

- valider les anomalies et traiter les étiquettes,
- trouver les solutions techniques relatives aux salissures et aux difficultés d'accès,
- établir les standards provisoires,
- mieux connaître les équipements (rédaction de leçons ponctuelles),

- disposer des informations relatives à l'avancement des travaux de suppression des anomalies ou d'améliorations.

Dans la mesure du possible, les correspondants maintenance traitent les étiquettes rouges relatives à leur chantier.

Remarque

Le lancement de la TPM® est réalisé par l'ouverture d'un chantier pilote sur lequel on développe les piliers 1 et 2. Le groupe pilote est constitué des managers (futurs animateurs de la TPM® dans leurs services) qui conduisent le chantier jusqu'à l'étape 3. Ainsi ils peuvent montrer l'exemple et acquérir l'expérience nécessaire à l'organisation, la planification et la conduite de nouveaux chantiers. En général les membres du groupe pilote consacrent deux à trois heures par semaine pour réaliser la maintenance autonome et la chasse aux pertes sur leur chantier.

5.6. Le tableau d'affichage maintenance autonome

La maintenance autonome étant basée sur l'appropriation des équipements par les opérateurs ; il est indispensable de leur mettre à disposition un outil pour :

- montrer les résultats obtenus,
- valoriser leur travail,
- connaître ce que font les autres groupes et coordonner leurs actions.

Le pilote anime des réunions hebdomadaires avec les opérateurs devant le tableau, elles ont pour objectifs de :

- leur fournir les réponses aux besoins qu'ils ont détectés dans leurs actions de maintenance autonome (délais, décisions, etc.),
- faire le point sur l'avancement du projet par rapport aux objectifs,
- faire connaître à tous les opérateurs les décisions à appliquer (standards),
- partager l'expérience et les connaissances acquises par chaque groupe.

Le nombre de tableaux et leur taille dépendent de la place disponible et de l'importance des équipements.

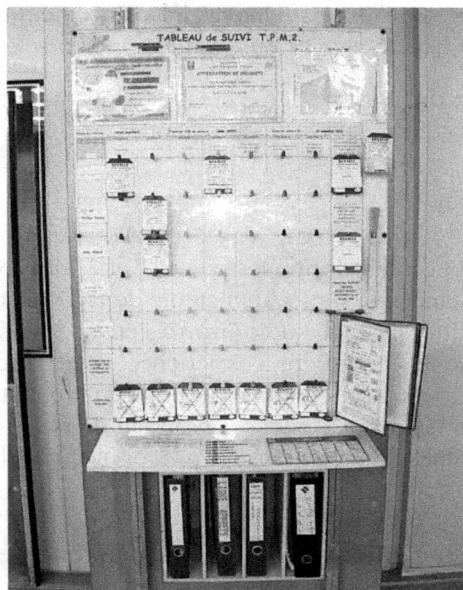

Exemple de tableau d'affichage maintenance autonome

5.7. Étape 2 : Suppression des causes de dégradations

Les différentes phases de l'étape 2 sont représentées par la figure 7.6.

À partir du relevé effectué durant l'étape 1 on valide :

- les différentes causes d'anomalies telles que salissures – contamination,
- les zones difficiles d'accès pour nettoyage, contrôle de la boulonnerie, lubrification.

De plus on inventorie tous les organes pour lesquels l'état normal peut être visualisé tels que :

- manomètres, niveaux, débitmètres, ampèremètres, etc.
- sens de circulation des fluides et position normale des vannes,
- boulonnerie ou position relative d'organes.

Un programme d'amélioration est établi et les résultats obtenus sont mis en valeur par une fiche d'amélioration (voir exemple de fiche suivant modèle JIPM en annexe 7).

Les améliorations apportées permettent de réviser les standards provisoires de nettoyage.

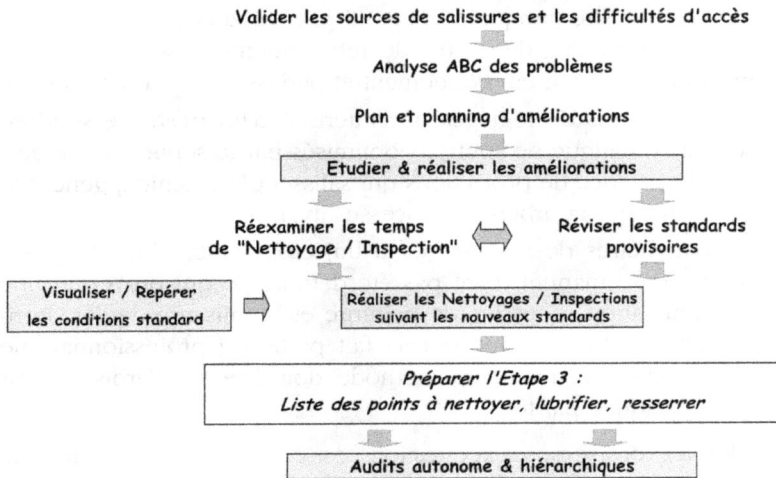

Figure 7.6 – Processus étape 2

Remarque

Il est surprenant de constater, lorsqu'on veut visualiser les plages standards de fonctionnement ou de réglages, que les techniciens rencontrent beaucoup de difficultés à définir ces valeurs. Ce qui signifie que l'on a mis en service un équipement sans se préoccuper de définir ses conditions d'utilisation.

Suppression des causes de salissures et esprit KAIZEN

La méthodologie de la suppression des causes de salissures est représentative de l'esprit KAIZEN. Elle s'appuie sur les 4 phases ci-dessous :

1. **Étude de la source** : type de salissures (matière première, huile de coupe, copeaux, poussières), volume et impact sur l'équipement.

2. **Recherche des relations** entre process, réglages, état de l'équipement et qualité du produit.

On constate très souvent dans les ateliers que les standards n'ont pas été définis ou que les opérateurs ne les respectent pas. Par exemple :

- le débit d'huile de coupe ou de refroidissement est réglé au maximum (pour être tranquille !), ce qui provoque des surconsommations de produits, des coûts de retraitements, la salissure de la machine et de son environnement et parfois même des accidents,

- les paramètres de réglages de l'intensité d'un poste de soudure semi-automatique ne sont pas optimisés par le service méthodes, d'où l'existence de projections qui salissent la machine, gênent le personnel et perturbent le processus aval,

- les paramètres de réglages et la trajectoire optimale d'un poste de peinture manuel n'ont pas été définis. Ce qui provoque une consommation excessive de peinture et la salissure de l'environnement machine. Même si cela fait partie du professionnalisme des peintres, la meilleure méthode doit être standardisée pour être appliquée par tous.

On doit d'abord se poser la question : est-ce que je peux diminuer la source de salissure ? Pour cela il est indispensable que tous les acteurs et experts du domaine aient le même objectif.

Dans certains ateliers où le nettoyage est sous-traité, cette question ne vient même plus à l'esprit. Si l'entreprise veut progresser, elle doit dans un premier temps nettoyer elle-même ses équipements.

3. **La recherche de solution** doit être effectuée par approches successives. Les capots de protection ou de captation peuvent dans un premier temps être réalisés en carton ou dans des matériaux malléables, ce qui laisse la possibilité aux opérateurs de les améliorer et de s'assurer qu'ils ne réduiront pas l'accessibilité de la machine.

4. **Mesure et consolidation des résultats.** En particulier vérifier les effets de la solution adoptée sur la qualité, la fiabilité et les temps de nettoyage ou d'inspection. L'audit de l'étape 2 vérifie que :
   - toutes les origines de salissures ont été listées et que des améliorations ont été réalisées,
   - l'environnement de travail est correct,
   - des améliorations relatives aux conditions de travail ont été apportées,
   - la visualisation des pressions, débits, niveaux, positions relatives des pièces est effective,

– l'étape suivante est préparée : inventaire des points d'inspection et de graissage. La durée de cette étape est de 6 à 12 mois
suivant le niveau de difficulté de traitement des problèmes de
salissures et d'accessibilité.

5.8. Étape 3 : Définition des standards provisoires d'inspection

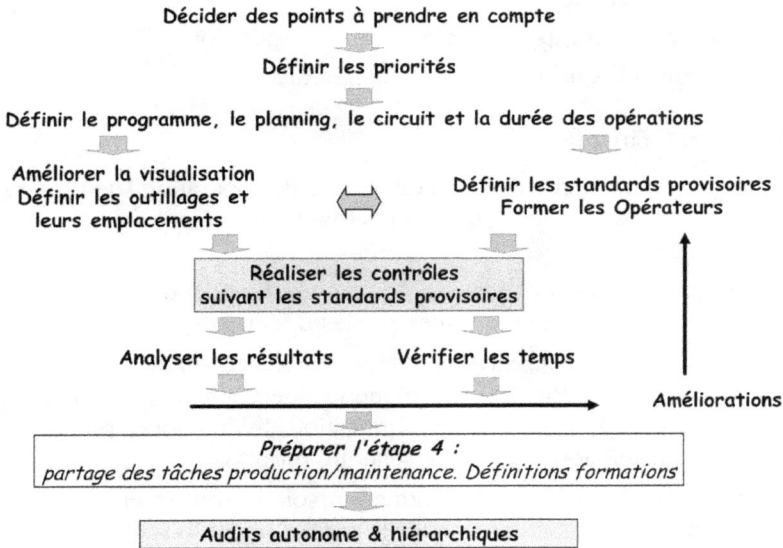

Décider des points à prendre en compte

Définir les priorités

Définir le programme, le planning, le circuit et la durée des opérations

Améliorer la visualisation
Définir les outillages et
leurs emplacements

$\Longleftrightarrow$

Définir les standards provisoires
Former les Opérateurs

Réaliser les contrôles
suivant les standards provisoires

Analyser les résultats   Vérifier les temps

Améliorations

Préparer l'étape 4 :
partage des tâches production/maintenance. Définitions formations)

Audits autonome & hiérarchiques

Figure 7.7 – Processus étape 3

Les standards provisoires construits à l'étape 3 concernent :

* les nettoyages,
* la lubrification,
* le contrôle de la boulonnerie,
* des contrôles simples pouvant être réalisés en utilisant les cinq
  sens des opérateurs,
* et bien entendu la chasse aux anomalies qui est sous-jacente à
  toutes ces opérations.

Ils sont établis sur les mêmes imprimés que les standards provisoires
de nettoyage.

5.9. Étape 4 : Inspection générale

Cette étape est interdépendante des piliers 3 (Maintenance planifiée) et 4 (Amélioration des connaissances et du savoir-faire). En effet, durant cette étape on définit :

- les tâches de maintenance préventive qui peuvent être exécutées par les opérateurs,
- le niveau de compétence exigé par ces opérations,
- les formations nécessaires aux opérateurs.

Pour cela il faut que :

- le service maintenance ait établi la liste des opérations de prévention à réaliser sur les équipements (maintenance préventive basée sur le temps),
- les services maintenance et production se mettent d'accord sur les tâches pouvant être exécutées par les opérateurs,
- les domaines techniques relatifs à ces tâches soient inventoriés. On entend par domaine technique les thèmes tels que boulonnerie et visserie, systèmes de lubrification, hydraulique, pneumatique, transmission, électricité, sécurité, process,
- les besoins individuels de formation soient évalués en mesurant l'écart entre compétences exigées par ces opérations et évaluation du niveau de chaque individu,
- les formations relatives à ces différents domaines techniques soient préparées et diffusées,
- les feuilles de vérification et les manuels d'inspection soient rédigés. La participation des opérateurs à la construction de ces documents permet de vérifier qu'ils ont bien assimilé les connaissances transmises durant les formations.

L'étape 4 est très différente de ce qu'on nomme très souvent la maintenance de 1er niveau.

L'objectif de cette étape est de donner au personnel les connaissances et le savoir-faire indispensables (les deux vont de pair) pour qu'il sache réaliser cette maintenance et surtout pour qu'il comprenne **pourquoi** sa bonne exécution est importante.

Jusqu'à l'étape 3 on a « tenu par la main » les opérateurs et l'action de chaque groupe était focalisée sur son territoire (une zone de l'équipement). À partir de l'étape 4 les opérateurs deviennent autonomes et gèrent l'ensemble de l'équipement.

Pour ne pas disperser les efforts de formation et gérer de manière homogène l'ensemble de l'équipement et du personnel, il est souhaitable que toutes les zones de l'équipement aient réussi l'audit de l'étape 3 avant de lancer les formations. Mais ce souhait ne doit pas provoquer l'enlisement des premiers chantiers. On peut envisager un regroupement partiel de certains d'autant plus que la préparation et la diffusion des formations nécessitent beaucoup de temps.

Remarque

La démarche prévoit de faire réaliser les opérations simples de graissage et de lubrification par les opérateurs en ayant toutefois pour objectifs d'automatiser à moyen terme ces opérations. Leur réalisation nécessite beaucoup plus de rigueur que celle que l'on trouve dans certains services. En effet il est nécessaire de :

- former les opérateurs :
  - technologie des équipements et relation avec les techniques de lubrification et de graissage,
  - pratique de la lubrification : respect des quantités, utilisation des bons outils, propreté, contrôle des organes de graissage, sécurité.

- définir les points à lubrifier :
  - repérage sur machine incluant visualisation de la fréquence et de la nature du lubrifiant,
  - volume de graisse à distribuer (nombre de coups de pompe : ce qui très souvent ne figure pas dans les standards de graissage), niveaux maxi, consommations prévisionnelles.

- standardiser les lubrifiants et les organes de graissage.

- créer une « station-service » en précisant :
  - les emplacements de stockage,
  - les standards de propreté,
  - la gestion des stocks et le mode de réapprovisionnement,
  - les consignes de sécurité.

5.10. Étape 5 : Maintenance autonome

L'analyse des résultats obtenus par l'application des standards est mise à profit pour :

- affiner les standards,
- supprimer les opérations inutiles,
- améliorer la fiabilité et la rapidité des inspections,
- faire évoluer le partage des tâches entre maintenance et production.

Durant cette étape, les opérateurs inspectent les équipements à partir des connaissances théoriques acquises lors de l'étape 4 et non plus sur la base de leur expérience.

5.11. Étape 6 : Gestion autonome

L'autonomie des opérateurs est étendue au niveau de :

- la qualité des produits,
- la maintenance des équipements,
- l'enregistrement et l'analyse des résultats de marche,
- la gestion des approvisionnements,
- la gestion des outillages.

Cette étape correspond entièrement à la logique des Unités Élémentaires de Production.

5.12. Étape 7 : Amélioration permanente

Cette étape est le bouclage de la démarche de progrès permanent que représente le pilier 2. La direction a un rôle important à jouer pour assurer la pérennisation de cette gestion autonome.

Nous avons décrit principalement les étapes mises en place pour des ateliers ou lignes de production avec des équipements. Pour des lignes d'assemblage, ces étapes diffèrent légèrement, les problèmes techniques étant davantage liés aux produits assemblés qu'aux équipements utilisés. Les étapes restent identiques dans leur esprit.

6. QUELS SONT LES POINTS CLÉS DE LA RÉUSSITE DE LA MAINTENANCE AUTONOME ?

- Former/Informer tout le personnel, faire comprendre que tous ont à fournir un travail pour la réussite de la TPM®.
- Assurer le travail transversal entre départements.
- Travailler en groupe.
- Sensibiliser les opérateurs et les techniciens de maintenance aux causes de défaillances et aux anomalies. L'encadrement doit montrer l'exemple en étant lui-même exigeant et en libérant les équipements pour réparer les anomalies.
- Impliquer fortement le personnel de production et de maintenance.
- Démarrer l'action sur un équipement pilote.
- Respecter les étapes, les valider par des audits rigoureux durant lesquels la hiérarchie prouve son intérêt.
- Faire comprendre que le nettoyage est nécessaire mais qu'il doit être simplifié et mieux supprimé.
- Ne pas être trop lent durant les étapes 1 et 2.
- Traiter rapidement les anomalies et les propositions d'améliorations.
- Avoir la volonté de transmettre aux opérateurs le plus de connaissances possibles de manière simple et efficace (leçon ponctuelle, voir plus loin).
- Valoriser le travail des groupes et les résultats obtenus en les publiant.
- Utiliser les tableaux TPM® comme point d'information et de communication.
- Élaborer les standards avec les opérateurs.
- Organiser régulièrement des réunions pour présenter le bilan de l'action (direction, services).
- Remettre, avec les opérateurs, systématiquement en cause les standards pour améliorer leur efficacité, leur faisabilité, diminuer les durées et éliminer les contrôles inutiles.

7. Une nécessaire complémentarité entre production et maintenance

La maintenance autonome exige la complémentarité entre services production et maintenance.

7.1. Quel est le rôle de la production ?

- Respecter les conditions de base : nettoyage, lubrification, resserrage de la boulonnerie.
- Utiliser correctement les équipements : réglages, modes opératoires.
- Détecter les anomalies : inspections quotidiennes, surveillance permanente en utilisant les cinq sens.
- Obtenir les compétences et le savoir-faire : collecte des données concernant les réglages et les anomalies, transmission d'informations au service maintenance, propositions d'améliorations relatives aux équipements et aux conditions de travail.
- Réaliser des réparations simples : remplacement de petites pièces et réparations urgentes, assistance des techniciens de maintenance lors de leurs interventions.

7.2. Quel est le rôle de la maintenance ?

Les techniciens de maintenance ont pour mission d'assister de manière organisée les opérateurs durant les différentes étapes pour :

- détecter et décrire les anomalies,
- comprendre les fonctions des équipements,
- rédiger les leçons ponctuelles (voir plus loin),
- définir les conditions nominales et les standards,
- supprimer les causes de salissures et améliorer l'accessibilité des équipements,
- traiter rapidement les anomalies,
- permettre aux opérateurs de devenir autonomes dans la surveillance de leurs équipements en leur apportant les connaissances et les savoir-faire nécessaires à la réalisation de certaines actions de prévention,
- corriger les faiblesses de conception.

Ils doivent aussi améliorer leurs propres compétences de maintenance : qualité et efficacité des actions préventives, des réparations, expertise, rationalisation et automatisation du graissage.

8. MÉTHODES ET OUTILS UTILISÉS PAR LA MAINTENANCE AUTONOME

La Maintenance autonome s'appuie principalement sur 2 outils :

- la méthode 5 Pourquoi que nous avons vue précédemment,
- la leçon ponctuelle où leçon 5 minutes ou OPL : One Point Lesson.

La leçon ponctuelle ou leçon 5 minutes

La leçon ponctuelle (voir exemple annexe 9) est :

- Un outil de transmission de connaissance ou de savoir-faire techniques sur un **point précis** et **un seul** qui concerne :
  - les **connaissances de base** (ce qu'il faut savoir pour avoir envie de…),
  - la **justification des améliorations** apportées aux équipements ou aux modes opératoires (expliquer les améliorations engagées),
  - la **prévention des dysfonctionnements** (empêcher le renouvellement d'une défaillance).
- Une aide aux animateurs pour construire et diffuser la formation.
- Un mode d'auto-apprentissage : les opérateurs sont sollicités par leurs responsables pour qu'ils décrivent eux-mêmes les améliorations, les méthodes de réglages ou d'inspections à appliquer.

Il y a une quantité immense de savoir-faire et de connaissances qui doit être transmise aux opérateurs mais aussi aux techniciens de maintenance. Tous les membres des groupes de gestion autonome deviennent des animateurs.

Remarque

Le savoir apporté par les leçons ponctuelles représente l'explication, le pourquoi que l'on devrait pouvoir lire entre les lignes des procédures. Elles fournissent aussi une réponse rapide, sans paperasse, aux situations que l'on trouve quotidiennement dans les ateliers telles que :

- non-détection d'anomalies,
- erreurs de manipulation ou de réglages,
- risques d'accidents,
- incidents de production, pannes, défauts qualité,
- existence de méthodes de travail différentes entre les opérateurs,
- projet d'amélioration d'un équipement, d'une méthode de travail (c'est un outil de « vente »),
- constat par l'agent de maîtrise d'un manque de connaissance de la part de l'opérateur lors d'une discussion, lors de la détection d'une nouvelle anomalie, lors d'un changement.

La fiche support est utilisée pour :

- construire le message :
  - définition des points clés pour chaque type de leçon,
  - le moins de texte possible, des schémas à main levée qui sont plus rapides et souvent plus parlants que des photos (on ne photographie pas facilement la chaîne cinématique du système de centrage d'un convoyeur). La réalisation d'un schéma à main levée oblige à positionner les organes constitutifs les uns par rapport aux autres donc à vérifier ses propres connaissances. Il aide celui qui le réalise à mieux formuler le problème et à préparer le message qu'il va transmettre.
- le transmettre à tous les opérateurs :
  - directement en 5 à 10 minutes maximum,
  - auprès de l'équipement ou en utilisant des aides concrètes,
  - en tête à tête ou par petits groupes.
- maintenir à disposition l'information sur l'équipement,
- s'assurer que tous les opérateurs ont été formés.

Les leçons de chaque type sont construites en s'appuyant sur trois points clés qui sont les suivants :

- **Connaissances de base :**
  - Quelles sont les conditions normales ?

- Quelles sont les anomalies possibles ?
- Qu'est-ce qu'elles pourraient provoquer ?
- Quelles sont les actions préventives à adopter ?
- **Améliorations :**
  - Quelle est la situation actuelle ?
  - Quelle est la nature de cette amélioration ?
  - Quels sont les points sensibles apportés par cette amélioration ?
  - Quelles sont les mesures préventives à mettre en place ?
- **Dysfonctionnements** (ces leçons sont construites à chaud) :
  - Quel est le phénomène rencontré ?
  - Quelles en sont les causes ?
  - Que doit-on faire immédiatement s'il se reproduit ?
  - Quelles sont les mesures préventives à adopter ?

Remarques

1. Par l'intermédiaire des leçons ponctuelles, l'encadrement acquiert le « leadership » vis-à-vis du personnel. Toute la hiérarchie doit montrer l'exemple et encourager ainsi la maîtrise à surmonter ses craintes et ses préjugés.

2. Le nombre de leçons ponctuelles, d'améliorations proposées par le personnel, d'anomalies détectées et leur délai moyen de traitement sont les indicateurs phares de l'implication du personnel (opérateurs, techniciens de maintenance mais aussi encadrement) dans la gestion autonome des équipements.

3. Dans une usine de 700 personnes, 4 000 leçons ponctuelles ont été réalisées en 4 ans.

Chapitre 8

Pilier 3 : Maintenance planifiée

Dans la démarche TPM®, la fonction maintenance a différents objectifs :

- supprimer les pertes relatives au manque de fiabilité intrinsèque des équipements qui ont un impact sur la performance industrielle : disponibilité, productivité, qualité,
- retrouver, en partenariat avec la production, les conditions normales d'exploitation des équipements,
- améliorer sa performance interne et diminuer les coûts de maintenance,
- former les opérateurs pour qu'ils puissent devenir responsables de la qualité de leurs équipements,
- participer à l'amélioration de la sécurité et des conditions de travail,
- apporter son expérience dans la conception des nouveaux équipements (fiabilité, maintenabilité, coûts de maintenance).

Le pilier Maintenance planifiée s'appuie, comme l'ensemble de la démarche, sur le bon sens.

1. DE LA FIABILITÉ INTRINSÈQUE À LA FIABILITÉ OPÉRATIONNELLE

Les dégradations forcées ont un impact très important sur la diminution de la fiabilité intrinsèque de l'équipement.

Suivant la figure 8.1, la fiabilité intrinsèque définit les « **2 comment** » évoqués au chapitre 6 :

- **Comment** est et doit rester l'équipement (ce qui définit sa fiabilité donc sa probabilité de défaillances naturelles) ?
- **Comment** doit-il être installé et exploité par la production et la maintenance ?

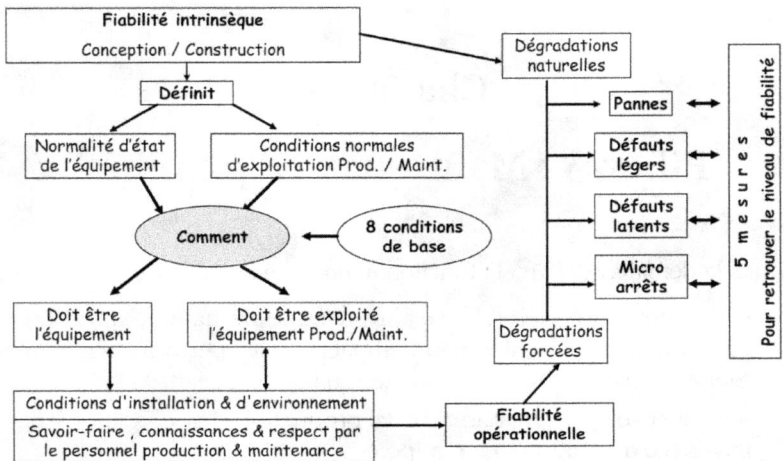

Figure 8.1 – Fiabilité intrinsèque et fiabilité opérationnelle

Fiabilité intrinsèque et fiabilité opérationnelle déterminent le comportement des équipements et donc l'activité de la fonction maintenance.

Les conditions de maintenance – entretien courant, qualité des réparations, qualité des pièces de rechange, efficacité de la maintenance préventive, moyens engagés pour réaliser les révisions – sont un des paramètres importants de la fiabilité opérationnelle.

Les « 2 comment » sont fixés à partir de 8 conditions qui concernent :

1. l'apparence extérieure des organes de l'équipement : état des pièces, de leurs surfaces, de leur fixation, absence de salissures,

2. la précision dimensionnelle : tolérances dimensionnelles et de formes,

3. la précision d'assemblage : positions relatives, forces de serrage, rigidité,

4. la nature des matériaux : adaptation aux contraintes mécaniques, chimiques, etc., résistance aux sollicitations intempestives,

5. les conditions opérationnelles : définition et respect des conditions normales d'utilisation, de réglage, accessibilité pour contrôles, nettoyages et interventions,

6. la précision d'installation : fixation au sol, alignement, positionnement, protection des câbles et tuyauteries, qualité des énergies,

7. les conditions fonctionnelles : respect des conditions opératoires, maîtrise des dégradations naturelles, absence de dégradations forcées, respect des conditions d'entretien et de nettoyage,

8. les conditions d'environnement : absence de contraintes extérieures non prévues, accessibilité.

Ces 8 conditions (*cf.* annexe 11) fixent l'état souhaitable de l'équipement ainsi que les limites acceptables. Elles sont utilisées pour définir :

- les paramètres de la maintenance préventive ;
- le niveau attendu de la qualité des réparations (pièces remplacées et expertise des pièces qui ont pu subir des contraintes excessives lors de la défaillance).

2. QUELLES SONT LES DIFFÉRENTES MISSIONS DE LA MAINTENANCE ?

Les 8 conditions de base des équipements étant respectées, la fonction maintenance peut se focaliser sur ses activités essentielles qui sont :

2.1. Des missions de maintenance proprement dites

- **dépannages** : interventions suite à des dysfonctionnements imprévus.
- **entretien courant** : réalisé par les techniciens de maintenance ou les opérateurs. Il comprend des opérations telles que : rondes, réglages, purges, lubrification, nettoyages, détection d'anomalies.
- **prévention** obtenue par :
  – la maintenance préventive **basée sur le temps (MBT)**. Pour le JIPM, ce sont les actions de prévention programmées suivant une unité d'œuvre (appelée temps en fiabilité) représentative du fonctionnement de l'équipement (temps de marche, km, tonnes produites, etc.). La MBT correspond soit aux remplacements systématiques, soit aux contrôles programmés en fonction d'un calendrier.
  – ou la maintenance **prédictive** basée sur des mesures continues ou périodiques permettant d'évaluer le niveau de dégradation de l'équipement.

2.2. Des activités d'amélioration

Elles sont destinées à améliorer le temps de bon fonctionnement des équipements, à diminuer les temps de maintenance, à optimiser la maintenance préventive et donc à diminuer les coûts de maintenance. Ces activités sont elles-mêmes constituées de :

- la maintenance **corrective** : au sens, pour le JIPM, d'amélioration de conception (une correction) au niveau de la fiabilité ou de la maintenabilité de l'équipement.

- la **prévention de maintenance** ayant pour objectif d'obtenir le « sans maintenance[1] » pour diminuer les coûts de maintenance mais aussi éviter les risques d'erreurs.

Ces activités d'amélioration exigent que le service maintenance dispose d'un retour d'expérience fiable (précision des informations, cause première du problème rencontré). Les techniciens maintenance doivent apprendre à rédiger correctement leurs comptes rendus d'activité, ils doivent aussi apprendre à exploiter les informations contenues dans les historiques d'interventions.

La qualité d'un service maintenance est révélée par ses comptes rendus d'activité.

Remarque

On notera que le JIPM adopte des définitions des activités de maintenance légèrement différentes de la norme EN 13306 mais qui sont tout aussi logiques. Les opérations de maintenance conditionnelle et systématique sont programmées suivant un temps de marche des équipements (le temps pris au sens de la fiabilité) ; elles sont donc bien basées sur le temps.

3. POURQUOI LA MAINTENANCE PRÉVENTIVE EST-ELLE ONÉREUSE ET PEU EFFICACE ?

Nous avons dit au paragraphe 8 « TPM® et méthodes de maintenance » du chapitre 1 que, tant que les conditions normales d'utilisa-

---

1. La maintenance d'un équipement (préventive ou corrective) présente un coût (MO, pièces de rechange, immobilisation matériel) mais aussi un risque de détérioration de certains composants due à une erreur humaine durant l'intervention.

tion des équipements ne sont pas respectées, la maintenance préventive est onéreuse et peu efficace.

Pour le démontrer, nous pouvons prendre l'exemple d'une maintenance basée sur le temps.

Pour mettre en place cette maintenance on définit, à partir d'une estimation de la fiabilité intrinsèque du composant, un **seuil de défaillance** (limite des caractéristiques entraînant la panne) et un **seuil de sécurité** pour lequel il faut remplacer le composant : la probabilité de panne devenant inadmissible par rapport aux objectifs.

Ces seuils tiennent compte :

- du niveau de risque accepté,
- de la dispersion aléatoire des caractéristiques du composant,
- de la fiabilité des contrôles,
- de la périodicité de ceux-ci,
- du délai entre détection et réparation.

Des inspections sont alors programmées aux temps T, $(T + t_1)$, $(T + t_1 + t_2)$. Lorsque les caractéristiques atteignent le niveau de sécurité, une réparation est effectuée et le cycle de maintenance préventive est relancé.

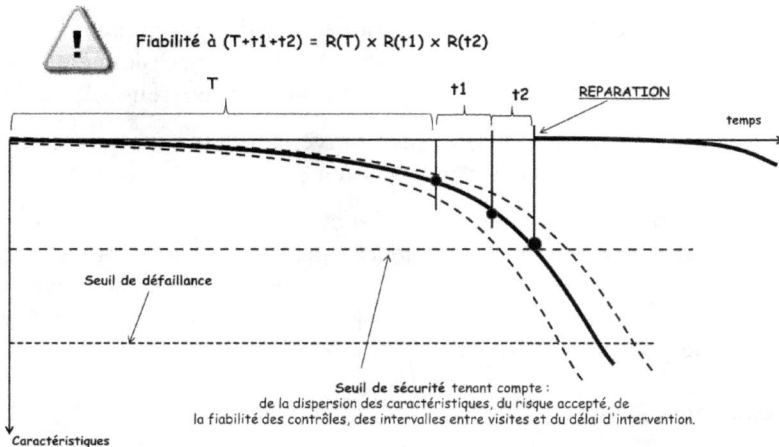

Figure 8.2 – Maintenance basée sur le temps

Malheureusement, l'existence de dégradations forcées nous place dans le cadre de la figure 8.3.

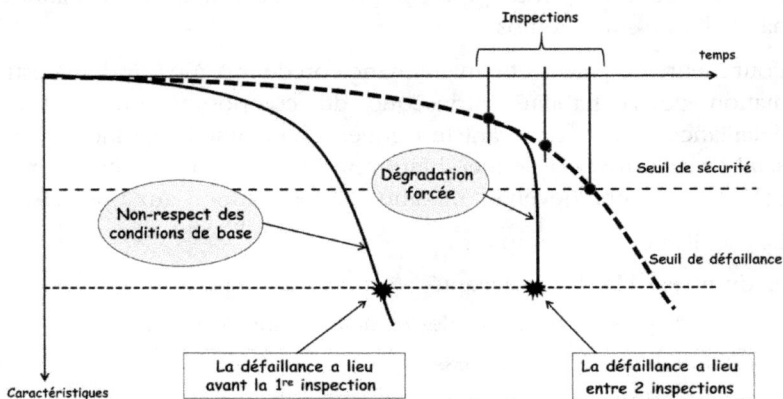

Figure 8.3 – Impact des dégradations forcées

Le non-respect des conditions de base entraîne une augmentation des contraintes et accélère les phénomènes de dégradation. Le seuil de défaillance est atteint avant de pouvoir réaliser la première inspection programmée.

Pour éviter ceci, le responsable peut décider de programmer beaucoup plus tôt la première inspection. Mais cela occasionnera une maintenance préventive **plus fréquente** donc **plus onéreuse**.

Une dégradation forcée peut aussi survenir entre 2 visites ce qui signifie que le programme d'inspection a été **inutile**.

Le non-respect des conditions de base ou la création de dégradations forcées ont donc pour conséquence une maintenance préventive coûteuse (visites précoces ou trop rapprochées) ou inefficace (panne avant le contrôle ou entre deux inspections). Cette situation serait identique pour une maintenance systématique.

Remarques

1. La maintenance préventive doit avoir pour objectifs de vérifier ou de surveiller, en adoptant un certain niveau de risque (risque de

panne imprévue), que l'équipement a évolué conformément aux prévisions de fiabilité qui ont été faites. Elle n'a pas pour but de détecter, par une surveillance rapprochée, les dégradations forcées créées par le non-respect des conditions de base.

2. La notion de prévention de maintenance adoptée par le JIPM correspond bien à la prévention primaire définie par le Larousse comme étant celle qui, dans le domaine médical, « s'attache à empêcher l'apparition d'une maladie », la prévention secondaire consistant à « dépister…, à traiter précocement…, à prendre des mesures pour enrayer une épidémie ». Nous nous contentons souvent, en maintenance ou en qualité, de cette prévention secondaire. Ce n'est pas parce qu'un service maintenance réalise de la maintenance préventive secondaire qu'il est efficace.

3. On notera que la maintenance préventive s'applique à des phénomènes de vieillissement (usure, fatigue, corrosion). La probabilité de bon fonctionnement du composant diminue avec son âge et donc d'une visite à l'autre. Le théorème de LUSSER relatif aux fiabilités conditionnelles permet d'écrire :

Fiabilité pour la 3e visite = $F(t_2/T + t_1) = R(T) \times R(t_1) \times R(t_2)$

$F(t_2/T + t_1)$ étant la probabilité de bon fonctionnement durant le temps t_2 sachant que le composant a déjà fonctionné sans défaillance durant le temps $T + t_1$.

Ce qui signifie que si l'on veut conserver un risque de panne constant entre chaque visite l'intervalle de temps entre visites diminue rapidement et conduit à une charge inadmissible[1].

Si les conditions de fonctionnement sont respectées et les limites de défaillance et de sécurité bien adaptées la maintenance conditionnelle devrait être interrompue par un remplacement systématique dès la 2e ou la 3e visite.

---

1. *Fiabiliser les équipements industriels*, Jean BUFFERNE, Éditions d'Organisation Eyrolles.

4. LES DIFFÉRENTES PHASES DE LA MAINTENANCE PLANIFIÉE

Nous avons précisé dans le chapitre 6 (Amélioration au cas par cas) que le Zéro panne pouvait être atteint en 4 phases. Le pilier maintenance planifiée définit les actions à réaliser pour atteindre cet objectif.

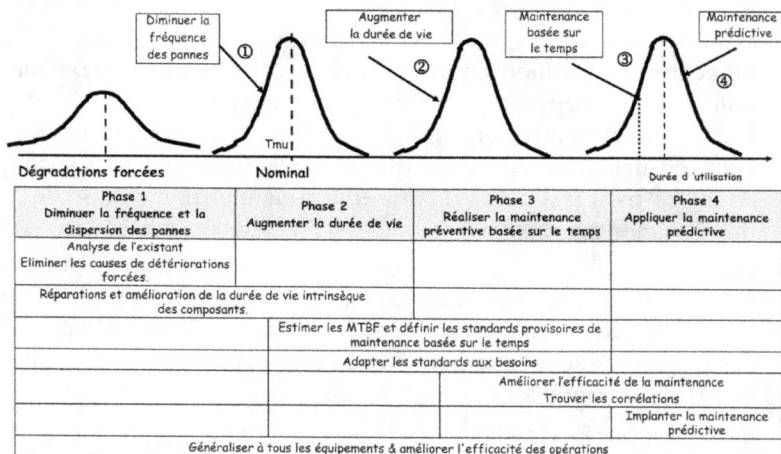

Phase 1 Diminuer la fréquence et la dispersion des pannes	Phase 2 Augmenter la durée de vie	Phase 3 Réaliser la maintenance préventive basée sur le temps	Phase 4 Appliquer la maintenance prédictive
Analyse de l'existant Éliminer les causes de détériorations forcées.			
Réparations et amélioration de la durée de vie intrinsèque des composants.			
	Estimer les MTBF et définir les standards provisoires de maintenance basée sur le temps		
	Adapter les standards aux besoins		
		Améliorer l'efficacité de la maintenance Trouver les corrélations	
			Implanter la maintenance prédictive
Généraliser à tous les équipements & améliorer l'efficacité des opérations			

Figure 8.4 – Vers le Zéro panne

Phase 1 : Diminuer la fréquence et la dispersion des pannes. Cela nécessite d'analyser la situation existante. C'est-à-dire :

- détecter les anomalies avec les opérateurs (et les réparer),
- repérer les dégradations négligées,
- trouver et éliminer les causes de dégradations forcées,
- clarifier les conditions de fonctionnement et d'utilisation,
- mettre en place les moyens d'enregistrement des défaillances (fréquence, MUT, MTTR, nombre de réparations et d'améliorations).

Cette phase est centrée sur l'exploitation de la maintenance quotidienne et l'analyse des causes premières des dysfonctionnements[1] : pannes, petits incidents, anomalies détectées. Elle est construite à partir :

- de la confrontation aux 8 conditions de base des équipements,

---

1. Les Japonais utilisent souvent l'expression « apprendre à travers les pannes ».

- d'analyses 5 Pourquoi,
- d'analyses PM,
- d'arbres de défaillances.

Elle permet de déterminer en phase 2 les mesures correctives à appliquer (au sens d'amélioration adopté par le JIPM).

Remarques

1. Il est indispensable de penser « **retour à l'état normal** » ou « **réparation et standardisation** » avant amélioration.
2. Une analyse « 5 Pourquoi » doit être réalisée pour chaque incident process ou panne d'un équipement prioritaire. Vous trouverez en annexe 10 un exemple de document utilisé pour cette analyse.

Phase 2 : Augmenter la durée de vie intrinsèque des composants. Ceci en :

- supprimant les causes de défaillances récurrentes,
- éliminant les pannes inopinées dues aux erreurs :
  - **de réparation** : savoir-faire de maintenance, amélioration et standardisation des méthodes de réparation,
  - **d'utilisation** : standards, modes opératoires, leçons ponctuelles, détrompeurs, amélioration des organes de commande.
- corrigeant les erreurs de conception : caractéristiques trop faibles, défauts de construction, défauts process,
- remédiant aux surcharges dues au process.

Phase 3 : Définir la maintenance préventive basée sur le temps. L'élaboration du plan de maintenance demande de :

- définir les équipements prioritaires,
- analyser les modes de défaillances,
- estimer la durée de vie des composants et leur mode de défaillance naturelle,
- élaborer le plan de maintenance : points à vérifier, limites « Normal/Anormal », modes opératoires, fréquences,
- vérifier la faisabilité du plan : capacité technique mais aussi durée d'immobilisation des équipements et charge maintenance,
- mettre en place les moyens d'analyse et d'amélioration de l'efficacité du plan de maintenance.

Remarques

1. On ne peut pas se contenter d'exécuter le plan de maintenance préventive au fil du temps. Il est indispensable[1] de l'optimiser en mettant en parallèle les résultats d'expertise des éléments remplacés systématiquement ou les comptes rendus des vérifications avec l'historique des pannes.

2. Le plan de maintenance préventive doit être amélioré suivant la figure 8.5 pour répondre à deux questions essentielles : Le plan mis en place est-il **efficace** ? est-il **adapté** ?
   Ces améliorations concernent les standards de maintenance : adaptation des fréquences d'intervention, modes opératoires, meilleure définition des limites « Normal/Anormal ».

3. La mise en œuvre de la maintenance prédictive nécessitant de connaître la « carte de visite » de l'équipement ou du composant concerné, on utilisera la phase de maintenance basée sur le temps pour mettre en évidence la corrélation entre état de l'équipement et une ou deux mesures physiques.

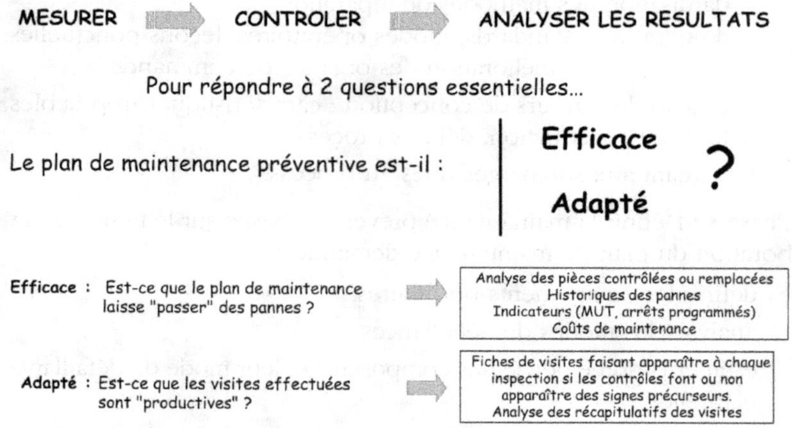

MESURER ➡ CONTROLER ➡ ANALYSER LES RESULTATS

Pour répondre à 2 questions essentielles...

Le plan de maintenance préventive est-il : | **Efficace**

Adapté **?**

Efficace : Est-ce que le plan de maintenance laisse "passer" des pannes ? ➡ Analyse des pièces contrôlées ou remplacées
Historiques des pannes
Indicateurs (MUT, arrêts programmés)
Coûts de maintenance

Adapté : Est-ce que les visites effectuées sont "productives" ? ➡ Fiches de visites faisant apparaître à chaque inspection si les contrôles font ou non apparaître des signes précurseurs.
Analyse des récapitulatifs des visites

Figure 8.5 – Améliorations par l'analyse technique

---

1. Approche personnelle, non abordée par le JIPM.

Phase 4 : Améliorer l'efficacité de la maintenance et implanter la maintenance prédictive :

- affiner les données de fiabilité et analyser les modes de défaillances,
- inventorier les composants qui font la qualité,
- trouver les relations entre défaut qualité et composants équipements,
- passer, en liaison avec le Pilier 6 (Maintenance de la qualité), de la prévention des pannes à la prévention de la qualité.

Remarques

1. Les améliorations apportées à la fiabilité de l'équipement tout au long de ces 4 phases ont pour effets d'augmenter les durées de vie des composants critiques et de réduire leur dispersion. La courbe de répartition de la durée de vie de chaque composant devenant plus resserrée autour de la moyenne, la maintenance basée sur le temps par remplacement systématique ou par révision systématique peut être à nouveau envisagée.
2. La maintenance prédictive ne sera envisagée que pour les équipements prioritaires.

5. QUELLES SONT LES CONDITIONS DE MISE EN ŒUVRE DU PILIER 3 ?

Il est nécessaire, et cela manque dans beaucoup d'entreprises, que les services maintenance disposent le plus tôt possible d'éléments et d'indicateurs représentatifs :

- de la situation initiale,
- des axes d'amélioration de la fonction maintenance,
- des résultats obtenus par la mise en œuvre du pilier 3.

Ces éléments concernent :

- la répartition des coûts : voir paragraphe suivant,
- le comportement des équipements : historiques **basés sur l'analyse de la cause première des dégradations**,
- les résultats des maintenances préventive et corrective.

Ils doivent être complétés par la définition des équipements jugés comme prioritaires. C'est la direction qui les définit en accord avec les services production et maintenance (voir tableau suivant).

Remarque

Ces indicateurs sont indispensables mais leur obtention doit être ciblée. Il est vain de vouloir enregistrer toutes les dépenses et interventions tant que les équipements ne sont pas sous contrôle statistique. Les responsables maintenance sont alors noyés sous un grand nombre d'informations sans pouvoir séparer les causes aléatoires des causes spéciales (ce qui est démontré par les difficultés rencontrées dans l'exploitation des outils de GMao).

5.1. Répartition des coûts de maintenance

Les dépenses de maintenance seront réparties par :

- secteurs et équipements principaux,
- types de dépenses : main-d'œuvre interne, pièces de rechange, travaux sous-traités ou externalisés,
- catégories de coûts.

Catégories des coûts de maintenance		
Coûts de maintenance	**Coûts des utilities**	**Autres**
– Maintenance préventive – Maintenance curative – Améliorations – Lubrification – Gros entretien & révisions – Matières & pièces de rechange – Structure & frais de gestion des stocks	– Bâtiments – Énergies – Distributions de fluides	– Suppléments après mise en service des équipements neufs – Outillages et matériels de maintenance – Prestations pour d'autres services

Remarques

1. L'enregistrement des dépenses « suppléments après mise en service des équipements neufs » est judicieux. Il permet comme nous le verrons dans l'étude du pilier 5 (Conception produits et équipements) de mettre en évidence une qualité insuffisante de la

gestion de projet, en particulier au niveau des estimations budgé-
taires qui oblige les services maintenance à terminer la mise au
point des équipements et à constituer par eux-mêmes la documentation technique.

2. Le plan de comptabilité générale permet d'inclure dans le projet
d'investissement et donc d'amortir la première dotation de pièces
de rechange. Ce qui ne peut être réalisé que si le budget a été
correctement évalué.

5.2. Évaluation des équipements prioritaires

Une matrice de criticité des équipements est réalisée à partir des facteurs
tels que : production et délais, qualité, coûts, sécurité/environnement,
ambiance de travail (ce qui peut influer sur le moral du personnel).

Le tableau ci-dessous donne un exemple de cotation.

	Éléments d'évaluation	Cotation 1 ou 2 ou 4
Production & délais	Taux d'utilisation	(4) pour 80 % (1) pour < 60 %
	Machine de remplacement existe et changement facile	(4) pas de possibilité ou temps de changement long (1) possible, changement facile
	Impact de la panne sur les autres équipements	(4) arrêt (1) pas d'influence
	Fréquence des pannes	(4) > 4 pannes/mois (1) 1 panne/mois
	Durée moyenne d'arrêt	(4) > 1 jour (1) pour < 2 h
Qualité	Impact sur l'assurance qualité produit	(4) rebut (1) sans incidence
	Coût non-qualité engendré	(4) > 10 000 € (1) pour < 500 €
Maintenance	Position dans le cycle de vie[a]	(4) si âge < durée prévue (1) si fin de vie
	Charge maintenance	(4) si > 20 % de la charge (1) si charge < 2 %

Éléments d'évaluation		Cotation 1 ou 2 ou 4
Coûts	de défaillance (matière, MO, énergie, pénalités)	(4) > 15 000 € (1) < 1 500 €
	de réparation	(4) > 4 500 €/mois (1) < 1 000 €/mois
Sécurité/ Environnement/ Conditions de travail	Danger humain	(4) si danger (1) sans effet
	Risque de pollution	(4) si danger (1) sans effet
	Législation	(4) si obligation
	Conditions ou ambiance de travail	(4) si gêne importante (1) sans effet

a Nous préférons prendre en compte la position de l'équipement dans son cycle de vie plutôt que l'âge de l'équipement préconisé par le JIPM. Dans l'industrie lourde un vieil équipement peut être encore critique.

Impact sur le choix des méthodes de maintenance

Le niveau de criticité est défini par la somme des scores 1 à 4 de chaque rubrique. L'entreprise définit des niveaux de criticité A, B et C en fonction des valeurs obtenues.

Une répartition raisonnable des équipements correspond à :

- 30 % en classe A la plus élevée. Une maintenance prédictive avec seuil d'alarme est à envisager,
- 60 % en classe intermédiaire B. Mise en œuvre d'une maintenance basée sur le temps,
- 10 % en classe C. On peut « attendre » la panne.

6. **COMMENT CHOISIR LA POLITIQUE DE MAINTENANCE D'UN ÉQUIPEMENT ?**

6.1. Critères de choix

La courbe de fiabilité ou de durée de vie des composants met en évidence 3 périodes :

- **période infantile** due à une mauvaise qualité des composants (le taux d'avarie diminue dans le temps suite aux remplacements de ceux-ci). Cette période n'est pas concernée par la maintenance préventive.

- **période de vie utile** ou de pannes dites fortuites (le taux d'avarie est constant) : les pannes surviennent de façon aléatoire, imprévisible. Elles sont franches et subites et ne sont précédées d'aucun signe précurseur. Ce qui signifie qu'il n'est pas possible de prévoir la défaillance donc de faire de la maintenance préventive.

Durant la période de vie utile la fiabilité suit une loi exponentielle. Aussi la probabilité de défaillance durant une mission de durée déterminée ne dépend pas de l'âge du matériel mais uniquement de la durée de la mission. On peut exprimer cette caractéristique en disant que chaque fois que le composant est arrêté sa probabilité est réinitialisée à 1.

Ce qui signifie qu'un remplacement systématique du composant n'apporterait aucune fiabilité supplémentaire. Au contraire il risquerait de créer des pannes infantiles dues à la qualité du nouveau composant ou à la qualité de l'intervention de maintenance. **Il n'y a donc pas de maintenance préventive possible durant cette période.**

Par contre cette période peut être interrompue par un phénomène de vieillissement qui nécessite d'effectuer un remplacement systématique. La période de remplacement étant déterminée de telle manière que le taux d'avarie dû au vieillissement ne dépasse pas le taux d'avarie de la période de vie utile.

- **période de vieillissement**, le taux d'avarie augmente avec la durée totale d'utilisation du matériel, donc avec son âge. Les phénomènes de vieillissement évoluent en général lentement et sont accompagnés de signes précurseurs. Cette période est caractéristique des phénomènes d'usure, de corrosion et de fatigue. Durant cette période la maintenance préventive peut être appliquée.

La figure 8.6 montre comment choisir le type de maintenance approprié. On voit que la maintenance conditionnelle est retenue pour un équipement :

- prioritaire,
- dont le taux d'avarie augmente dans le temps (période de vieillissement),
- pour lequel les symptômes de dégradation sont observables.

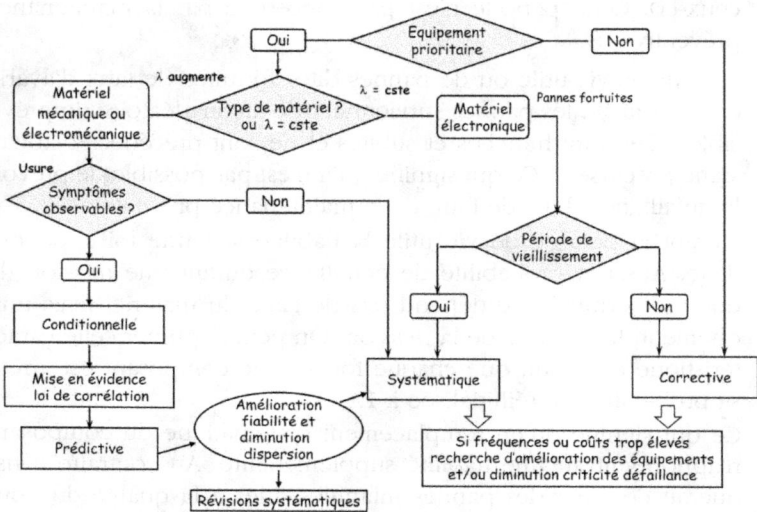

Figure 8.6 – Critères de choix des méthodes de maintenance

Cette maintenance peut, si nécessaire, être remplacée par une maintenance prédictive lorsque la période précédente a permis de mettre en évidence une loi de corrélation entre des mesures physiques et le niveau de dégradation.

La maintenance systématique (remplacement ou révision) est utilisable en période de vieillissement dans les trois cas suivants :

- on ne sait pas encore, par manque de connaissances ou d'expérience, observer ou détecter les symptômes d'usure. Cette maintenance est coûteuse car si elle permet de limiter le risque de panne à K % elle conduit à remplacer (1-K) % des composants qui auraient pu fonctionner plus longtemps,
- la durée de vie moyenne est bien connue et présente une dispersion faible. On peut alors diminuer les risques de pannes tout en évitant les remplacements trop précoces,
- le coût de la pièce est minime par rapport au coût de la défaillance.

Remarques

1. Dans certaines entreprises candidates à la certification ISO/TS 16949, les auditeurs des organismes de certification exigent la

mise en œuvre de la maintenance prédictive (prévisionnelle au sens de l'AFNOR) sur l'ensemble du parc machines. Cette approche paraît irréaliste et très éloignée de ce qui a été expliqué précédemment. Nous verrons que le pilier 6 (Maintenance de la qualité) traite la relation qualité produit et état des équipements d'une manière beaucoup plus rigoureuse que ce qui a lieu généralement.

2. L'analyse des consommations de pièces de rechange est insuffisante pour pouvoir évaluer le taux d'avarie donc la fiabilité des composants. En effet, pour un équipement soumis à des phénomènes de vieillissement, le fait de remplacer les composants au fur et à mesure de leurs défaillances entraîne que le taux d'avarie du composant apparaît comme constant[1].

6.2. Analyse et prévision des modes de défaillances

Différentes méthodes peuvent être utilisées : 5 Pourquoi, AMDEC, diagramme $(n, t_{moy}, n \times t_{moy})$, diagramme de fiabilité, arbre de défaillances, analyse PM.

Ces analyses doivent tenir compte de deux remarques :

• **utilisation des historiques d'intervention :**
Les historiques des défaillances, informatisés ou non, s'avèrent très souvent inutilisables, une analyse approfondie des causes de défaillance n'ayant pas été réalisée du fait de la diversité des causes possibles (d'où l'importance accordée aux anomalies dans la maintenance autonome). Il ne sert à rien de connaître les fréquences de remplacement d'un roulement si on ne sait pas à quel phénomène est due sa défaillance (fin de période de vie naturelle, mauvais graissage, mauvais montage, corps étranger, etc.).

• **application de l'AMDEC à la maintenance :**
L'utilisation de l'AMDEC peut être longue et nous conduire au bord de l'abîme. Il est nécessaire d'alléger cette méthode :

– en travaillant sur une arborescence fonctionnelle de l'équipement et en s'arrêtant aux ensembles ou aux sous-ensembles non réparables,
– en réalisant une analyse préalable des risques (APR).

---

1. J. BUFFERNE, *op. cit.*

Remarque

Deux précautions s'imposent dans l'élaboration de l'AMDEC (elles sont détaillées dans l'annexe 12).

- Le facteur **détection** ne doit pas être utilisé, il représente déjà une orientation vers un contrôle (action de prévention secondaire) alors que l'on doit rechercher à supprimer la cause de défaillance. Si cela n'est pas possible, on envisagera alors de détecter les prémices de la dégradation en appliquant une maintenance préventive.

- La probabilité de défaillance de l'équipement étant égale à la somme des probabilités de chaque ligne de l'AMDEC, cette dernière doit être complétée par un arbre de défaillances.

7. LES DIFFÉRENTES ACTIVITÉS DE MAINTENANCE

Le JIPM utilise la notion d'étape dans le pilier 3. Ces étapes se chevauchent et sont tributaires du niveau d'organisation de maintenance existant dans l'entreprise. Aussi il semble préférable de rappeler les différentes activités du pilier 3, indissociables de l'efficacité de cette fonction et de les rattacher à différentes actions qui peuvent être lancées et conduites simultanément ou au contraire exiger le démarrage ou l'exécution complète de certaines d'entre elles.

7.1. Quelles sont les actions à développer ?

Le planning de ces activités est donné à titre indicatif en annexe 13. Il sera différent suivant le niveau d'organisation existant de la fonction maintenance. En le comparant à l'organisation mise en place on peut constater que l'on a parfois oublié certaines actions intermédiaires.

Activités cibles	Actions	Description des actions
Retrouver l'état normal des équipements	Participer à la maintenance autonome	**Assistance aux étapes 1 à 3** Détecter et traiter les anomalies. Assister les groupes Maintenance autonome : apport de connaissances, études améliorations, suppression des causes de détériorations.
		Préparation de l'étape 4 Définir avec la production les contrôles préventifs pouvant être réalisés par les opérateurs. Évaluer les besoins en connaissances et savoir-faire. Préparer et diffuser les formations.
	Réparer les détériorations négligées	Liste des négligences.
Obtenir le Zéro panne	Enregistrer et analyser l'existant	Analyse quotidienne des pannes avec la production. Analyse avec la production des problèmes récurrents (groupes de travail).
	Supprimer les points faibles des équipements	Éliminer les risques d'erreurs Utilisation/Réparation. Supprimer les faiblesses de conception des équipements. Remédier aux surcharges (élimination ou augmentation caractéristiques).
Chasse aux pertes		Participation aux projets usine. Chasse aux pertes internes au service maintenance.
Établir le système de gestion de maintenance	Répartition des moyens utilisés Résultats obtenus Axes d'améliorations	Définition des équipements prioritaires. Connaissance des coûts de maintenance (coûts MO + PdR + ST). Enregistrement et analyse des modes de défaillances. Indicateurs.

Activités cibles	Actions	Description des actions
Développer la maintenance basée sur le temps	Maintenance conditionnelle ou systématique	Définir les standards et mettre en place le plan de maintenance. Analyser et exploiter les résultats de la maintenance préventive : expertise des pièces remplacées, suppression ou création nouvelles opérations, améliorations mode opératoires, adaptation fréquences.
Améliorer	Efficacité Maintenance	Qualité des interventions maintenance. Préparation des interventions. Qualité et standardisation des composants. Qualité des informations collectées. Qualité et disponibilité de la documentation technique. Lubrification. Gestion des stocks (définition des paramètres, rangement).
	Compétences du personnel maintenance	Capacité à analyser les défaillances, à rédiger des comptes rendus de qualité et à exploiter les historiques des équipements.
Développer la maintenance prédictive		Définir la carte de visite des machines. Développer les méthodes de mesure. Former des spécialistes.

7.2. Les indicateurs

La liste ci-dessous n'est pas exhaustive. Nous rappellerons qu'un tableau de bord doit permettre au responsable de savoir :

- où il est,
- où il va,
- la distance qu'il a à parcourir.

Le tableau de bord nécessite simplicité, clarté, concision, fiabilité, rapidité d'obtention, tout ceci à un coût raisonnable. Les données doivent se rattacher à des bases reconnues par toute l'entreprise.

Pour cela les informations doivent être : ciblées, pertinentes, synthétiques.

Le tableau suivant fournit les indicateurs principaux qui peuvent être utilisés pour suivre la progression de l'efficacité de la fonction maintenance obtenue par l'application du pilier 3.

Activités	Actions	Indicateurs principaux
Retrouver l'état normal des équipements	Participer à la maintenance autonome	**Assistance aux étapes 1 à 3** Nombre total d'étiquettes rouges à traiter par la maintenance/traitées Nombre de leçons ponctuelles réalisées pour les différents chantiers maintenance autonome Nombre de problèmes récurrents signalés par les chantiers/traités
		Préparation de l'étape 4 Nombre de formations Nombre d'heures Nombre de personnes formées Nombre de standards élaborés
	Réparer les détériorations négligées	Nombre de points détectés/traités Gains
Obtenir le Zéro panne	Enregistrer et analyser l'existant	Nombre d'analyses réalisées/nombre d'améliorations réalisées Nombre d'analyses 5 Pourquoi
	Supprimer les points faibles des équipements	Nombre de problèmes récurrents détectés/traités Gains obtenus
Chasse aux pertes		Nombre de projets demandés par la production/traités Gains prévus/gains obtenus

Activités	Actions	Indicateurs principaux
Établir le système de gestion de maintenance	Répartition des moyens utilisés Résultats obtenus Axes d'améliorations	**Utilisation des moyens :** Coûts (MO, PdR, sous-traitance) par secteurs & équipements principaux et par type de maintenance Nombre d'équipements sous les différents types de maintenance (conditionnel/systématique/prédictif)
		Résultats obtenus : Taux de disponibilité propre à la maintenance, MUT, MTTR Temps préventif/temps de dépannage
Développer la maintenance basée sur le temps	Maintenance conditionnelle ou systématique	Nombre d'équipements sous maintenance basée sur le temps Nombre de standards de maintenance Nombre de révisions des standards de maintenance préventive Nombre de visites analysées/Évolution des durées des opérations PM
Améliorer	Efficacité Maintenance	Qualité et disponibilité de la documentation technique : test accessibilité 30s Gestion des stocks : valeur stock, taux de rotation, test accessibilité 30s
	Compétences	Apprendre à travers les pannes Heures de formation Nombre personnes formées
Développer la maintenance prédictive		Nombre d'équipements sous maintenance prédictive

Remarque

Attention à l'utilisation du MTBF (Moyenne des temps de bon fonctionnement). Si ce paramètre représente en fiabilité l'espérance mathématique du temps entre défaillances, il est défini par la norme EN 13336 comme un indicateur égal à la somme du temps de disponibilité UT et du temps d'indisponibilité DT. Ce qui pourrait faire penser que plus les temps d'indisponibilité et en particulier les temps de dépannage sont importants plus cet indicateur est élevé. Il est préférable que les responsables maintenance comme les responsables production adoptent le MUT temps moyen de disponibilité comme indicateur de progrès.

8. ÉVOLUTION DE LA FONCTION MAINTENANCE

Dans une approche traditionnelle hors TPM®, les services maintenance ont 2 activités principales : les dépannages et la maintenance programmée.

La maintenance programmée est réalisée pour détecter d'éventuelles dégradations forcées et évaluer le niveau de dégradation naturelle des composants.

Dans une démarche TPM®, l'application du pilier 2 (Maintenance autonome) supprimant les imprévus (dégradations forcées ou dégradations naturelles non détectées), le plan de maintenance préventive est alors réservé à la détection, à la planification et à la définition précise des réparations à effectuer.

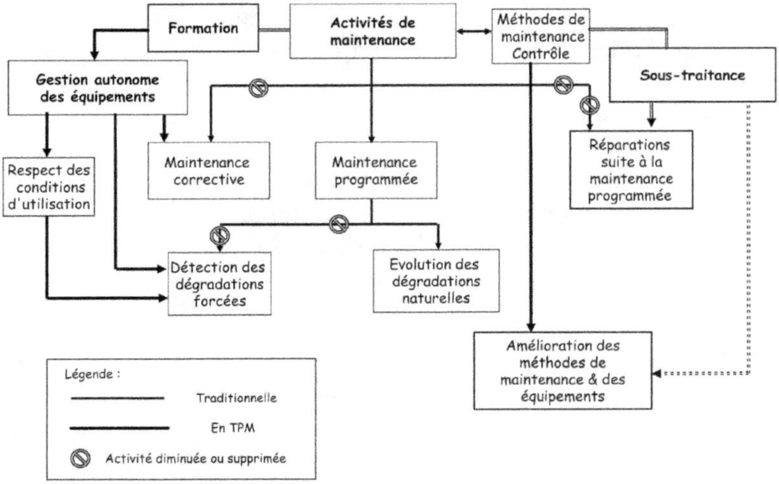

Figure 8.7 – Évolution de l'organisation de la maintenance

La maîtrise de l'état de l'équipement permet de prévoir assez tôt le travail à effectuer ; il est donc possible de planifier et de sous-traiter les interventions.

La connaissance des équipements par les opérateurs et l'expertise des techniciens de maintenance qui ont conçu le plan de maintenance et réalisé les inspections rendent possible et efficace la sous-traitance. Les responsables maintenance sont alors en mesure :

- de définir de façon précise les travaux à effectuer,
- d'expertiser les pièces au fur et à mesure de l'intervention et donc de juger la qualité des contrôles ou des prévisions,
- de contrôler la qualité des réparations effectuées par le sous-traitant et de réceptionner les travaux de manière rigoureuse,
- d'améliorer les méthodes de maintenance et la conception des équipements.

Remarques

1. Cette approche de la sous-traitance rend variable une partie des coûts de maintenance tout en conservant la maîtrise et le savoir-faire de maintenance qui fait très souvent partie du métier de l'entreprise. Ainsi le service maintenance gardant la connaissance des méthodes de maintenance est capable d'évaluer ses fournisseurs. On dit que pour avoir de bons fournisseurs il faut être un bon client, même si le sous-traitant a une obligation légale de conseil.

2. Elle évite le risque présenté par la sous-traitance de la maintenance qui conduit parfois certaines entreprises à ne plus disposer des informations relatives à l'état de leurs équipements.

Chapitre 9

Pilier 4 : Amélioration des connaissances et du savoir-faire

Si les 3 premières étapes du pilier 2 (Maintenance autonome) sont mises à contribution pour améliorer **par des actions simples** telles que les leçons ponctuelles les compétences et le savoir-faire des opérateurs, le pilier 4 doit être formalisé avant l'étape 4 : inspection générale. En effet à partir de l'étape 4 les opérateurs prendront en charge les inspections préventives et certaines interventions faciles. Il faut donc, pour réaliser efficacement cette mission, qu'ils sachent :

- **ce qui est à faire,**
- **pourquoi ils doivent le faire,**
- **ce qui se passerait s'ils ne le faisaient pas.**

On distinguera dans ce pilier :

- Les connaissances : représentation consciente et méthodique des propriétés d'un objet.
- Le savoir-faire : habilité à faire réussir ce que l'on entreprend. Ce savoir-faire améliore la performance des hommes qui agissent par réflexe, de la détection d'un incident jusqu'à sa correction.

L'amélioration du savoir-faire des opérateurs concerne les activités :

- de fabrication : respect des conditions de base des équipements, réalisation des montages, des réglages, des remplacements,
- de maintenance de leur équipement : détection et traitement des anomalies dans le cadre de leurs compétences.

La TPM® s'appuie sur un constat logique : les opérateurs respecteront les standards relatifs aux équipements, aux modes opératoires de production s'ils savent pourquoi il faut faire telle ou telle chose et s'ils comprennent les conséquences du non-respect de ces standards.

Les opérateurs doivent connaître la relation entre qualité du produit et qualité de l'équipement (ce n'est pas toujours la préoccupation principale des modes opératoires ou des procédures).

1. QUELLES SONT LES COMPÉTENCES NÉCESSAIRES AUX OPÉRATEURS ?

Les compétences demandées aux opérateurs d'ateliers de fabrication (process ou mécanisés) sont différentes de celles nécessaires aux opérateurs travaillant sur des lignes d'assemblage. Elles peuvent être synthétisées dans le tableau ci-dessous.

Types de compétences	Secteurs avec machines	Lignes d'assemblage
Détecter les anomalies	Signes avant-coureurs de panne ou prémices de défauts en utilisant les 5 sens (vibrations, bruits, échauffement, usure, etc.).	Anomalies basées sur l'impression qu'il se passe des choses anormales lors de l'assemblage ou que les constituants présentent des anomalies.
Prendre les mesures nécessaires	Corriger soi-même le plus tôt possible l'anomalie ou demander l'intervention du responsable ou du technicien en lui expliquant clairement ce qui a été constaté.	Toujours arrêter le produit présentant l'anomalie. Ne jamais le laisser aller au poste de travail suivant (principe du Jidoka du Système Production Toyota).
Capacité de jugement	Juger de la normalité d'un contrôle et de la qualité d'un composant à partir de critères préétablis.	Comprendre parfaitement la fonction des composants assemblés et réaliser suivant des critères préétablis les conditions optimales des assemblages.
Maintenir et contrôler	Nettoyer, lubrifier et détecter toutes les anomalies spécifiées ou non. Contrôler et maintenir l'équipement en état.	Vérifier, chaque jour, que les procédures et les gabarits sont appropriés. Assurer soi-même les conditions de travail, de contrôle et de maintenance.

Ces compétences évaluées suivant 5 niveaux sont intégrées dans la GPEC (gestion prévisionnelle des emplois et des compétences) :

Niveau 1 : savoir décrire les anomalies,

Niveau 2 : connaître la structure de l'équipement ou du produit et savoir trouver les causes d'anomalies,

Niveau 3 : connaître les éléments de l'équipement qui font la qualité,

Niveau 4 : pouvoir exécuter des interventions simples,

Niveau 5 : pouvoir détecter les problèmes dans son travail et mener les actions d'amélioration.

2. QUELLES SONT LES COMPÉTENCES NÉCESSAIRES AUX TECHNICIENS DE MAINTENANCE ?

Les techniciens de maintenance doivent être capables de :

- former les opérateurs à la maintenance quotidienne,
- juger si un équipement est dans un état normal ou anormal,
- rédiger des comptes rendus d'intervention de qualité,
- exploiter les historiques des équipements,
- réduire les temps d'intervention,
- améliorer la fiabilité et la maintenabilité d'un équipement,
- acquérir de nouvelles techniques de diagnostic,
- optimiser leurs activités pour contribuer à la rentabilité de l'entreprise.

3. UTILISER LA ROUE DE DEMING POUR DÉVELOPPER LE PILIER 4

Pour développer ce pilier, le JIPM applique le principe de la roue de DEMING ou PDCA.

Plan = définir les matières à enseigner

Elles sont définies par l'écart existant entre les connaissances exigées par le poste et le niveau de chaque individu. Ces connaissances concernent :

- la production : conduite de l'équipement, réglage, détection d'anomalies, tâches administratives,
- la qualité : contrôle, détection d'anomalies,

- l'utilisation des équipements : état standard, relation entre état de l'équipement et qualité,
- la prévention des anomalies : définie à partir des différents thèmes du plan de prévention construit par le service maintenance.

Le plan de formation est donc individualisé, ce qui nécessite des formations conçues et animées en interne par la hiérarchie et les techniciens maintenance, méthodes, qualité.

Do = Former

Le mode de formation interne répond à l'individualisation des formations mais il permet aussi :

- de mettre en évidence les problèmes et de lancer la dynamique KAIZEN,
- de profiter de l'expérience et du savoir-faire des opérateurs pour définir les modes opératoires les plus performants et ainsi acquérir leur implication,
- au hiérarchique direct d'être reconnu comme leader (celui qui apporte des connaissances).

Check = Contrôler les résultats en :

- faisant établir par les opérateurs eux-mêmes :
  - les standards d'inspection,
  - les leçons ponctuelles destinées à diffuser à tous les opérateurs le pourquoi et le comment des inspections,
- leur demandant de réaliser eux-mêmes les inspections prévues à l'étape 4,
- effectuant les audits (autonomes et hiérarchiques) pour évaluer au niveau de l'équipement l'efficacité de ces inspections. Un audit est réalisé par thème (*cf.* étape 4 du pilier Maintenance autonome).

Act = Améliorer

C'est répondre aux lacunes constatées à travers les audits, c'est aussi poursuivre l'amélioration des connaissances et du savoir-faire de chacun.

Les 6 étapes de développement du pilier

Au niveau de ce pilier, on agit en 6 étapes :

1. Définir la politique de base de la formation et ses objectifs.
2. Définir les besoins de l'entreprise en termes de compétences et de savoir-faire.
3. Évaluer les écarts Besoins entreprise/Niveaux individuels.
4. Former des instructeurs (personnel de maintenance et leaders de production) : formation de formateurs et formations techniques.
5. Construire et diffuser les formations.
6. Évaluer les résultats et définir les actions de consolidation.

Remarque

Pour éviter l'écueil représenté par l'aspect un peu théorique et extérieur aux préoccupations présentes, certaines entreprises, pour développer ces formations, s'appuient sur le traitement des problèmes rencontrés.

Le groupe maintenance autonome choisit avec sa hiérarchie de traiter un dysfonctionnement. Une formation de base est construite suivant la nature du problème par le technicien de maintenance, méthodes ou qualité correspondant du groupe. Le technicien forme les membres de son groupe et poursuit l'action par l'animation du travail de résolution de problème.

Le technicien transmet ensuite les éléments de la formation et les résultats du groupe de travail à ses collègues des autres équipes postées pour qu'ils forment à leur tour les groupes dont ils sont les correspondants.

Chapitre 10

Pilier 5 : Conception produits et équipements

Le pilier conception concerne les équipements et les produits. Il a pour objectif de concevoir des produits faciles à fabriquer et des équipements faciles à exploiter (production et maintenance).

Pour atteindre cet objectif, la TPM® s'appuie sur des activités transversales et utilise en particulier l'expérience et le savoir-faire du personnel de production et de maintenance. Le personnel qui a acquis le réflexe de rechercher en permanence des améliorations est très efficace dans l'élaboration du cahier des charges et dans la résolution des difficultés rencontrées lors du lancement des nouveaux produits ou lors de la mise en service de nouveaux équipements.

La puissance de ce pilier peut être démontrée par les résultats obtenus dans une entreprise.

1. Un exemple de résultats

1.1. Nature du projet

Achat et installation d'un équipement supplémentaire répondant à une augmentation de capacité.

Paramètres	Objectifs	Réalisé
Budget	3,2 M€	3,1 M€
Délai de mise en service	1 an	avance de 15 jours
Disponibilité	99,5 % après 6 mois	dès le démarrage
Nombre de pannes	anciens équipements 30 pannes par an	2 pannes sur les 6 premiers mois
Durée immobilisation sur pannes	anciens équipements 23 heures par an	2,25 h sur les 6 premiers mois

1.2. Conduite du projet

* **Groupes de travail** (26 réunions formelles + suivi construction et installation).

  Phase de préparation :
  – 5 groupes de travail : sécurité, ergonomie, environnement, fiabilité et maintenance autonome,
  – 35 personnes concernées,
  – 12 réunions de groupes,
  – 34 propositions d'améliorations.

  Phase d'étude :
  – analyse de fiabilité : 4 réunions de fiabilisation ; 30 améliorations,
  – intégration des améliorations apportées par la maintenance autonome des autres équipements,
  – analyse des plans : 4 réunions ; 24 propositions d'amélioration.

  Construction :
  – 6 visites chez le constructeur,
  – 12 améliorations.

  Installation :
  – 20 améliorations.

* **Total améliorations réalisées** : 120

* **Formations**
  – Au poste de travail : 200 heures pour 50 personnes
  – Assistance au démarrage : 120 heures

2. CONDUIRE UN PROJET CONCEPTION

Dans son livre *Japon éternelle renaissance ?* (éditions PUF), Denise FLOUZAT évoque, au sujet des mécanismes de prise de décision et de contrôle dans les sociétés japonaises, le **ringisho** (circulation de documents) et le **nemawashi** (préparation du terrain en horticulture).

On peut résumer ces 2 termes en notant qu'un projet d'entreprise résulte de la consultation et de l'accord des acteurs impliqués par cette décision dans les 4 premiers niveaux du top management. Ceci étant réalisé par la circulation ascendante et descendante des documents relatifs au projet. Durant cette phase intervient la phase de nemawashi, qui consiste « *en des entretiens formels ou informels per-*

mettant à chacun de disposer de l'information totale et de donner son point de vue. Les nemawashi sont souvent effectués dans les restaurants ou les bars où les employés se réunissent après le travail ».

Cette démarche est ensuite étendue aux niveaux hiérarchiques inférieurs.

Le temps perdu lors de la recherche du consensus (« *obtention d'une émergence puis d'une convergence des points de vue* ») est largement récupéré par la parfaite mise en œuvre et la rapidité de l'exécution.

Dans notre culture cela peut sembler incompatible avec le besoin de décisions rapides. Mais il y a peut-être un juste milieu à trouver, lorsqu'on constate dans certaines entreprises que :

- les projets à long terme ne font l'objet que d'un chiffrage grossier. Il ne faut pas mobiliser trop de personnes et perdre du temps sur quelque chose qui ne se fera sans doute pas !
- le budget est minimalisé pour avoir une chance d'atteindre le taux standard de retour sur investissement et mieux se positionner par rapport aux autres usines du groupe.

Ce qui entraîne certains dysfonctionnements concernant :

- l'élaboration du cahier des charges : on n'a plus le temps de consulter les intéressés,
- le respect de la logique de LCC : c'est le montant de l'investissement qui prime,
- le démarrage durant lequel on traite les problèmes qui n'ont pu être pris en compte préalablement,
- les surcoûts de démarrage et de mise au point affectés au budget maintenance.

Remarque

La durée de la période de démarrage n'est pas prépondérante par rapport au LCC (les échelles de temps étant très différentes). Par contre le non-respect du plan de production (en délai, quantité et qualité) peut compromettre les résultats attendus qui se basent souvent sur un effet d'innovation.

3. QUELS SONT LES OBJECTIFS DU PILIER 5 ?

Le pilier conception a 2 objectifs principaux :

* Disposer d'équipements répondant aux critères des piliers de la TPM® tels que :
    – Pilier 1 – Amélioration au cas par cas : productivité, flexibilité, capabilité, disponibilité, consommations optimales,
    – Pilier 2 – Maintenance autonome : diminution des risques de salissures, accessibilité pour contrôles et nettoyages, définition claire de la normalité, visualisation, diminution des risques d'erreur,
    – Pilier 3 – Maintenance planifiée : fiabilité, maintenabilité, définition précise des mesures d'entretien et de maintenance, définition des pièces de rechange. C'est aussi rechercher le « sans maintenance »,
    – Pilier 6 – Maintenance qualité : construire la qualité dans le process plutôt que dans le contrôle,
    – Pilier 8 – Sécurité, conditions de travail et environnement, y compris la prise en compte de la législation (respect des règles et déclarations préalables).
* Réduire :
    – les temps de développement, de construction et de « déverminage »,
    – le Life Cycle Cost (Coût du cycle de vie).

Par un développement efficace de la conception on atteint le rendement maximal de l'équipement dès sa mise en service, c'est-à-dire la disponibilité, la performance, la qualité et les consommations optimales.

Cela signifie que la chasse aux pertes et aux anomalies doit être menée au plus tôt dans le cycle de développement. Il faut détecter les anomalies et poser les étiquettes sur le cahier des charges, sur les plans, lors de la construction et du montage pour ne plus subir d'anomalies lors de l'utilisation.

Remarque

Pour un équipement conçu suivant les préconisations du pilier 5 on démarre le pilier 2 (Maintenance autonome) directement à l'étape 3.

La place de la maîtrise de la conception dans la démarche TPM® peut être schématisée par la figure 10.1.

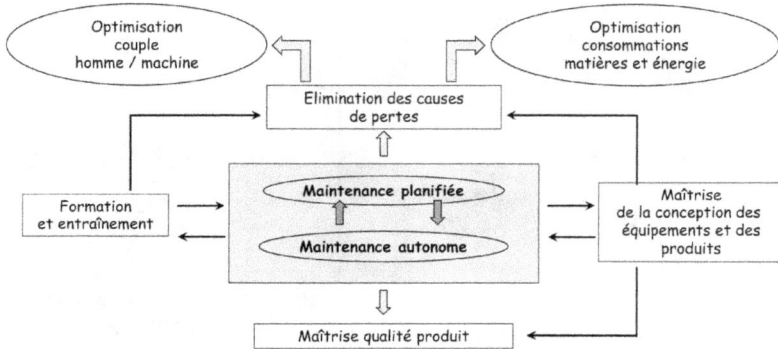

Figure 10.1 – Place de la maîtrise de la conception dans la TPM®

L'Annexe 14 fournit un inventaire des facteurs d'exploitation obtenus à la conception des équipements.

4.   QUELS SONT LES APPORTS DU PILIER 5 ?

La figure 10.2 synthétise les apports du pilier conception équipements.

Dans l'approche habituelle, la maîtrise initiale du procédé nécessite un laps de temps important car il est nécessaire durant la période de démarrage de supprimer toutes les erreurs de conception et de construction de l'équipement. Le TRG progresse lentement au fur et à mesure du traitement des anomalies et de la prise en main de l'équipement par le personnel de production.

Dans l'approche TPM®, le responsable projet profite de l'expérience, des connaissances et du savoir-faire des hommes. Les anomalies sont détectées et traitées avant la phase de démarrage. Le personnel de production et de maintenance s'est approprié le projet et possède déjà tous les éléments d'exploitation. La phase de maîtrise du procédé est très courte.

La revue de conception est l'outil essentiel de cette chasse aux anomalies.

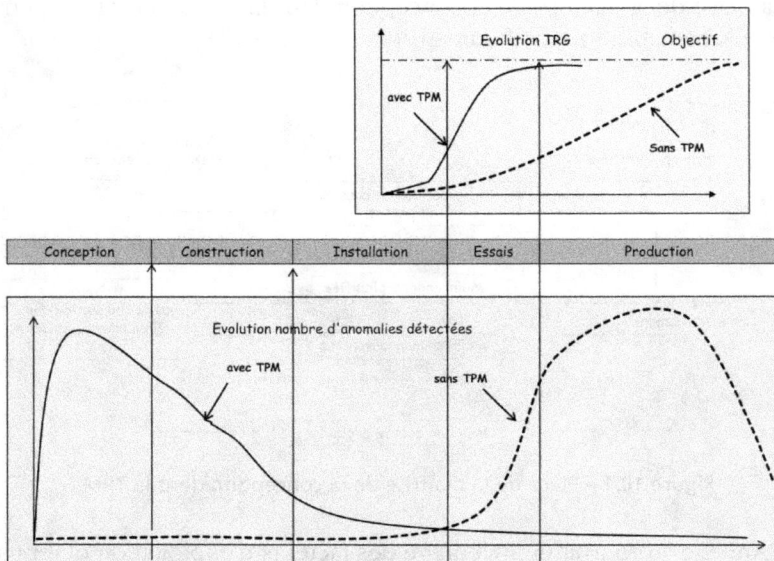

Figure 10.2 – Apport du pilier 5 : Conception équipement

5.   COMMENT OBTENIR LA MAÎTRISE INITIALE DU PROCÉDÉ ?

Le respect des 7 étapes du pilier (*cf.* annexe 15) permet de maîtriser le procédé dès la mise en service de l'équipement. Les 3 premières étapes sont validées par des revues de conception.

Étape 1 : Étude alternative

Le plan stratégique a permis de définir les objectifs d'investissements : spécifications des équipements, contraintes, efficacité économique.

En fonction de ces objectifs plusieurs solutions doivent être étudiées et chiffrées de manière approximative avec tous les acteurs concernés. Chaque solution est caractérisée par :

- son adéquation aux objectifs initiaux,
- son coût,
- son délai de réalisation,
- ses répercussions économiques et sociales,

- ses potentialités futures,
- et si possible le résultat des tests effectués sur des pilotes.

Le choix d'une solution est basé sur l'expérience technique de l'entreprise et les avis émis lors d'une première revue de conception par les spécialistes et experts des différentes fonctions concernées.

Étape 2 : Élaboration du cahier des charges de l'installation

Après validation par la direction de la solution retenue, le projet est chiffré de manière précise. Le cahier des charges de l'équipement est rédigé après acceptation du budget. Pour cela différentes méthodes d'analyse sont utilisées telles que :

- flow-chart du processus de production : définition des séquences et des limites du process,
- matrice QA du process (voir chapitre suivant – Maintenance de la qualité) : mise en évidence des relations entre la qualité du produit et le process,
- analyse 4 M (voir chapitre suivant) : inventaire des possibilités de défauts sur les éléments déterminants du process et des mesures de prévention nécessaires pour supprimer ces incidents,
- AMDEC process : détermination de la criticité des problèmes mis en évidence dans l'analyse 4 M. Cette criticité étant le paramètre essentiel du développement de la conception.

La figure 10.3 schématise ce processus.

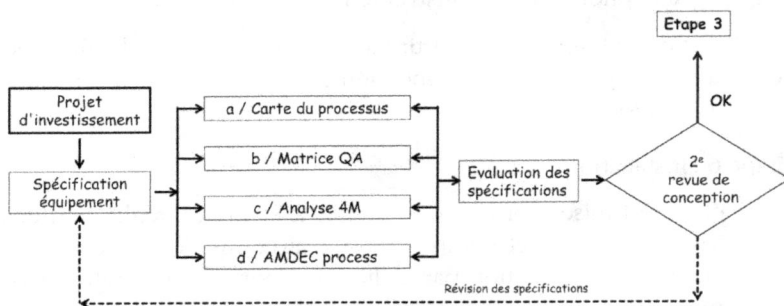

Figure 10.3 – Élaboration du cahier des charges équipement

Une deuxième revue de conception permet de mettre en évidence les éventuels problèmes et de valider les mesures correctives. Cette revue valide le cahier des charges.

Étape 3 : Réalisation conception

Durant cette étape on rédige la spécification courante (avant élaboration des plans détaillés et construction de l'équipement). Le budget pouvant être alors affiné et validé.

Une AMDEC des constituants de l'équipement est effectuée pour augmenter leur fiabilité et étudier comment produire facilement. Cette AMDEC doit être associée à la construction d'un diagramme de fiabilité et d'un arbre des défaillances. Ces outils ayant pour but d'évaluer la fiabilité globale du système et de mettre en évidence les éléments critiques pour le fonctionnement de celui-ci.

Les 3e et 4e revues de conception vérifient respectivement au niveau global et détaillé le respect des facteurs de conception définis à l'annexe 14. Elles sont réalisées avec les fournisseurs et sous-traitants dans un souci de partage de connaissances (d'où la nécessité de les former à la TPM®).

Étape 4 : Construction

Des inspections intermédiaires sont programmées chez les fournisseurs pour vérifier la concordance fabrication/spécification et améliorer la fiabilité de construction. Ces inspections s'appuient sur des « Fiches de contrôle intermédiaire de réception ».

Étape 5 : Réception chez le constructeur

La réception est réalisée à partir de « Fiches de contrôle final de réception ». La participation d'opérateurs et de techniciens de maintenance est alors très utile.

Étape 6 : Installation

Cette étape est mise à profit pour vérifier le degré de réalisation des spécifications, étudier et compléter les conditions de production et les standards. Une attention particulière est portée sur le futur environnement de travail et l'implantation des tuyauteries, des câbles électriques, des stockages et des moyens de manutention.

Étape 7 : Préindustrialisation, maîtrise des échantillons initiaux

Les rôles et les responsabilités des services production, maintenance et études ayant été préalablement définis, la vérification de la capabilité du processus est sous la responsabilité du responsable production.

Les problèmes et anomalies détectés durant cette étape sont enregistrés et analysés. Les actions correctives prévues et réalisées ainsi que les résultats obtenus sont aussi enregistrés.

6. PARAMÈTRES DE DÉFINITION DE L'INSTALLATION

En plus des caractéristiques process, de la productivité, des coûts, de la qualité désirée, le cahier des charges de l'équipement doit définir :

- les conditions d'utilisation production/maintenance,
- les contraintes d'environnement,
- les résultats attendus en termes de valeurs cibles mais aussi, cela est primordial, leur mode de calcul (en particulier sur quelle échelle de temps seront calculés les résultats) et le planning prévisionnel d'obtention des objectifs (montée en puissance) :
  - Valeur cible du TRG : taux de disponibilité, de performance et de qualité.
  - Taux de défaillance, durée de changement de fabrication, etc.
  - Consommations énergie, matière, outillages.

7. PRÉALABLES À LA MISE EN ŒUVRE DU PILIER 5

Le planning de mise en application du pilier 5 peut s'appuyer sur le développement d'un cycle PDCA.

Étape 1 – *Plan* : Passer en revue et analyser les anciennes pratiques

- Définir le processus de conception actuel.
- Identifier les problèmes rencontrés lors de son application.
- Définir ce qui aurait pu prévenir ces défauts.
- Comprendre les causes des défauts et définir les actions à mettre en œuvre durant les phases de construction, essais, démarrage production.

- Identifier les retards dans les phases construction, essais, démarrage production.
- Identifier les informations à recueillir, à compiler et exploiter pour concevoir un équipement facile à construire, à utiliser, à maintenir et ayant un haut niveau de fiabilité, de sécurité et de compétitivité.

Étape 2 – *Do* : Établir un nouveau processus de conception

En tenant compte des points identifiés à l'étape 1 :

- Établir les bases du processus et fixer son périmètre d'application.
- Définir comment recueillir, compiler et utiliser les informations nécessaires à un projet conception.
- Établir et réviser les standards et documents nécessaires pour appliquer les deux points précédents.

Étape 3 – *Check* : Débogage et formation au nouveau processus

- Lancer les différentes phases du processus conception.
- Développer en parallèle les formations relatives aux nouveaux standards.
- Évaluer à travers la réalisation des différentes phases la compréhension et la validité des techniques et méthodes (détection et analyse des problèmes rencontrés).
- Compléter et réviser le processus, les standards et les documents pour améliorer les résultats.
- Mémoriser les différentes actions et leurs résultats.

Étape 4 – *Act* : Application et confirmation

- Étendre l'application du processus à toutes les phases de la conception.
- Optimiser l'estimation du LCC et la recherche de la prévention de maintenance.
- Relever et compiler, par tranche de 3 à 6 mois, les problèmes rencontrés dans chaque phase, enregistrer le nombre d'études réalisées, de problèmes rencontrés ainsi que le nombre de retards.

- Analyser les problèmes durant la phase de démarrage en production et étudier les améliorations du processus pour minimiser le temps total d'étude.

On constate que le pilier conception ne peut être appliqué dès le démarrage d'une démarche TPM® ; en préalable il faut avoir :

- compris et surtout appliqué les piliers Chasse aux pertes, Maintenance autonome et Maintenance planifiée,
- défini le nouveau processus de conception. C'est-à-dire avoir réalisé les étapes *Plan* et *Do* ci-dessus.

Chapitre 11

Pilier 6 : Maintenance de la qualité

Le pilier 6 : Maîtrise ou Maintenance de la qualité consiste à maintenir la perfection des équipements, des méthodes, des procédés, des modes opératoires et des savoir-faire pour obtenir, du premier coup, la parfaite qualité des caractéristiques critiques des produits fabriqués.

Les activités du pilier 6 sont propres à assurer et à maintenir par la prévention le Zéro défaut, le Zéro panne, le rendement maximal du système de production.

Cette recherche de perfection, même si certains adages disent que la perfection n'existe pas, consiste à ne pas se contenter de rechercher les conditions standard pour obtenir le produit bon mais de fixer les conditions optimales pour diminuer les risques de défauts chroniques. Donc de diminuer la dispersion de l'ensemble du processus de production (on rejoint la démarche « Six Sigma »).

La conduite de ce pilier est basée sur les actions suivantes :

* identifier, standardiser les paramètres qui définissent la qualité,
* mesurer systématiquement ces paramètres pour vérifier que leurs valeurs restent à l'intérieur des plages autorisées et ne risquent pas de créer des défauts,
* étendre la prévention des pannes basée sur le temps (MBT) à la prévention des défauts qualité,
* exploiter les variations des caractéristiques des produits pour détecter les probabilités d'apparition de défauts et adopter les mesures correctives (contrôle statistique de process).

L'interaction et la cohérence entre les différents piliers de la TPM® sont mises en évidence dans le pilier Maintenance de la qualité. Cette structure peut être représentée par le diagramme d'ISHIKAWA de la figure 11.1 page suivante.

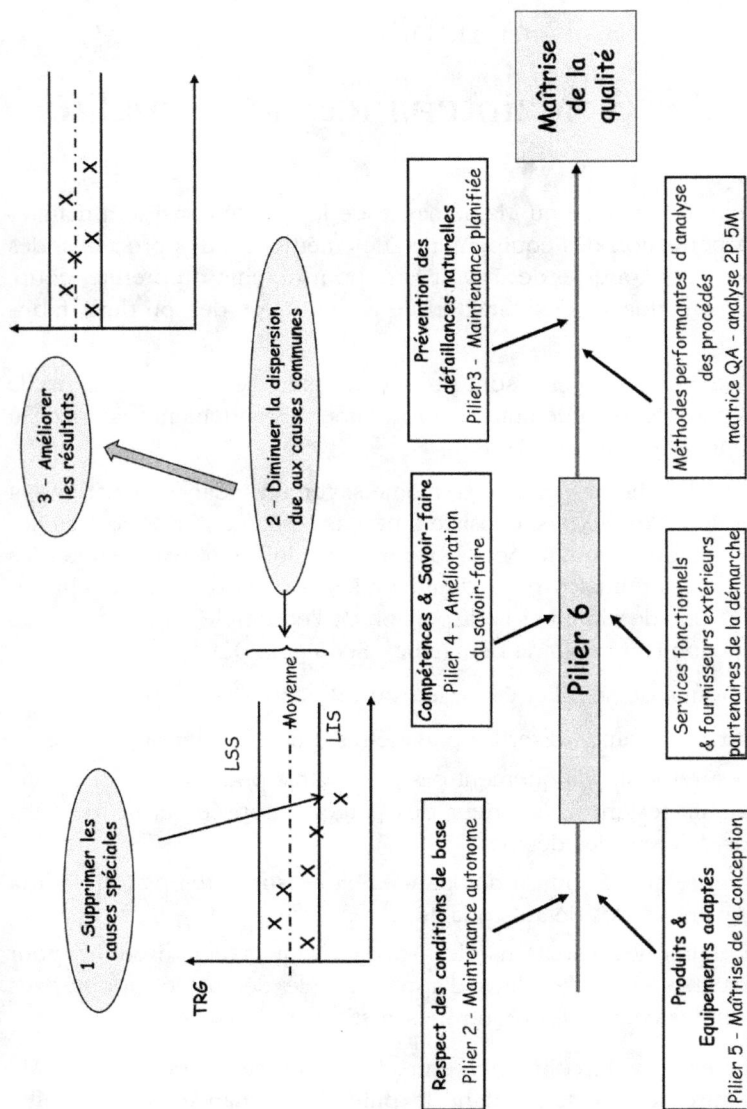

Figure 11.1 – Composantes du pilier 6

Ce schéma traduit le besoin de stabiliser à un haut niveau :

* l'état des équipements :
  – absence de dégradations forcées (maintenance autonome),
  – prévention des dégradations naturelles (maintenance planifiée).

* la conception des nouveaux produits et des nouveaux équipements :
  – construire la qualité dans le process plutôt que dans le contrôle,
  – facilité d'exploitation en production et en maintenance,
  – équipements ne générant pas de défauts (conception des équipements),
  – conception de produits faciles à fabriquer.

* l'organisation :
  – suppression des causes de pertes (amélioration au cas par cas),
  – efficacité des services fonctionnels (TPM® dans les services administratifs).

* l'engagement du personnel :
  – connaissances et savoir-faire du personnel de production et de maintenance (chefs de service, agents de maîtrise, pilotes TPM®, techniciens et opérateurs),
  – état d'esprit de recherche d'amélioration permanente.

* la logistique :
  – fournisseurs partenaires de la démarche (qualité matières, respect des délais),
  – qualité des énergies.

* les moyens de mesure :
  – utiliser le contrôle statistique pour prévenir les défauts latents et obtenir les éléments permettant d'avoir une dispersion minimale et donc une capabilité optimale.

Nous verrons dans le chapitre suivant que toutes ces actions ont un impact direct sur la sécurité et les conditions de travail.

LES 10 ÉTAPES DE LA MAINTENANCE DE LA QUALITÉ

La figure 11.2 schématise la conduite en 10 étapes du pilier Maintenance de la qualité.

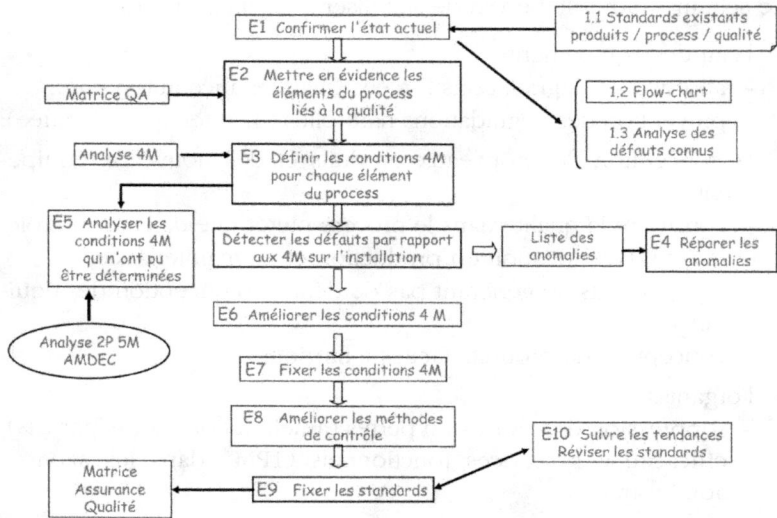

Figure 11.2 – Méthodologie du pilier 6

Étape 1 - Confirmer et décrire la situation actuelle

C'est-à-dire :

- Valider les standards
  - des produits : valeurs et tolérances des points définissant la qualité,
  - des moyens de production et de contrôle : confirmer les tolérances admissibles.
- Réaliser le « flow-chart » du ou des process pour déterminer
  - les mécanismes, fonctions, machines, séquences, etc. des équipements et du système,
  - les standards et les méthodes de contrôle qui permettent d'assurer la qualité.
- Identifier, décomposer et comprendre les défauts connus. Ce qui demande de
  - stratifier les différents défauts rencontrés (au moins sur 4 niveaux),
  - expliciter les défauts (éventuellement par des photos ou des schémas),

– comprendre le processus de défaut : cause physique, matérielle, due au process.

À partir de ce bilan on peut définir les objectifs de l'étude et préparer le planning de travail.

Étape 2 – Mettre en évidence les éléments du process liés aux paramètres qualité

Cette étape s'appuie sur une matrice Analyse qualité (voir exemple annexe 16) construite à partir du « flow-chart » de l'étape 1. Elle est utilisée pour :

- mettre en évidence les éléments du process qui conditionnent chaque paramètre qualité,
- inventorier les modes de défauts qui peuvent survenir,
- vérifier qu'à chaque paramètre correspond bien un critère d'évaluation de la qualité.

Cette matrice est complétée par une caractérisation des défauts :

- importance du défaut,
- point du process où il est possible de le détecter,
- possibilité de détection de l'anomalie du process ou de l'équipement générant le défaut,
- niveau d'efficacité de la détection du défaut qualité produit.

Remarque

Cette matrice rappelle la construction de l'AMDEC. Mais la matrice QA associée dans l'étape 3 à une analyse 4 M (main-d'œuvre, machine, méthodes, matériaux) est beaucoup plus logique, rigoureuse et exhaustive que l'AMDEC (c'est bien le reflet de la démarche TPM®). Elle va permettre, comme l'AMDEC, d'inventorier les modes de défaillances mais l'utilisateur n'a pas besoin « d'imaginer » les défaillances possibles, il est guidé dans son travail par la chaîne logique :

- caractéristiques qualité,
- points process concernés,
- défauts qualité possibles,
- défauts process possibles (analyse 4 M de l'étape 3).

Étape 3 – Définir les conditions 4 M

Pour chaque élément du process mis en évidence dans la matrice Analyse qualité précédente on répond, en se basant sur les principes et les lois de fabrication, aux questions suivantes :

* Quelles sont les conditions 4 M définies par les plans, les standards et les modes opératoires ?

* Quelles sont les relations entre chaque caractéristique qualité et les conditions de fabrication et la précision du ou des composants de chaque équipement ?

* Comment doivent être les caractéristiques des équipements, des mécanismes, des différentes fonctions du process pour fabriquer un produit conforme et quelles sont les perturbations éventuelles des 4 M qui peuvent modifier ces caractéristiques ?

Une fois cet inventaire réalisé on inspecte l'équipement pour détecter les écarts (anomalies) entre la situation existante et les conditions 4 M nécessaires. L'annexe 16 fournit un exemple de cette analyse (fabrication de fils électriques pour l'automobile).

Étape 4 – Établir le plan de suppression des anomalies

Ce plan destiné à étudier et supprimer les anomalies relevées à l'étape 3 est mis à profit pour rechercher l'impact de la maintenance des équipements sur le respect des conditions relatives au process.

Étape 5 – Analyser les conditions 4 M non confirmées

Les objectifs de cette étape sont de :

* Fixer les conditions 4 M qui n'ont pu être déterminées à l'étape 3. L'analyse de ces conditions 4 M est réalisée à partir de méthodes telles que : analyse 2 P 5 M (*cf.* chapitre suivant), AMDEC ou plan d'expérience.

* Définir les tolérances concernant l'équipement et les conditions de fabrication à adopter provisoirement pour maintenir les paramètres qualité dans leur intervalle de tolérance.

Étape 6 – Améliorer au cas par cas les conditions 4 M

À partir des résultats des analyses de l'étape 5 :

* Vérifier sur le terrain les écarts entre situation existante et conditions définies par l'analyse.

- Réaliser les réparations et améliorer les conditions.
- Vérifier que les caractéristiques du produit ainsi obtenues sont à l'intérieur des tolérances provisoires.

Étape 7 – Fixer les conditions 4 M

Définir les standards fixant les paramètres 4 M nouvellement définis à l'étape 6.

Étape 8 – Améliorer et verrouiller les méthodes de contrôle

Le but de cette étape est de :

- Standardiser les paramètres 4 M et définir les contrôles à effectuer sur :
  - les équipements : contrôles dimensionnels statiques et/ou dynamiques (machine en fonctionnement ou en marche à vide),
  - les paramètres du process permettant de verrouiller les paramètres 4 M.
- Améliorer les méthodes de vérifications pour les rendre plus rapides et plus faciles.

  Le nombre de points à contrôler devenant important, il est nécessaire de sélectionner à partir d'un arbre de défaillances les niveaux de contrôle les plus élevés dans l'arborescence.

- Intégrer certains de ces contrôles dans les standards de maintenance basée sur le temps (passer de la prévention de la panne à la prévention du défaut qualité).

Étape 9 – Fixer les valeurs standards de contrôle

- Définir les valeurs standards des contrôles et rechercher des techniques de regroupement ou de substitution (analyse vibratoire ou autres) permettant de réaliser ces contrôles plus rapidement :
  - dans la mesure du possible ces contrôles seront réalisés par la production, sauf si des techniques ou des connaissances particulières sont nécessaires ou si ces interventions ont une durée jugée trop importante,
  - les responsables, chefs d'équipes et pilotes des groupes maintenance autonome doivent expliquer aux opérateurs pourquoi ces contrôles sont nécessaires et approfondir leurs connaissances relatives au fonctionnement et à la structure des équipements.

- Construire la **matrice Assurance qualité** qui sera le récapitulatif des relations entre caractéristiques qualité critiques finales, valeurs de réglage et contrôle de l'équipement.

Cette matrice résume le QUOI – QUI – OU – QUAND – COMMENT des contrôles.

Étape 10 – Suivre les tendances et réviser les standards

- Mettre en place le contrôle statistique (MSP) pour pouvoir réagir avant d'atteindre les limites de contrôle.
- Visualiser sur l'équipement les composants qui « font la qualité ».
- Exploiter les résultats de production pour réexaminer les valeurs de référence, les points et les méthodes de contrôle en particulier pour des défauts détectables avant que l'on ait atteint les limites de contrôles fixées.

Chapitre 12

Analyse PM ou 2 P 5 M

Cette méthode a été créée par le JIPM. Les éléments présentés ci-dessous sont issus de l'ouvrage *PM Analysis an advanced step in TPM®️ implementation* de K. SHIROSE, Y. KIMURA et M. KANEDA, Productivity Press, Inc.

1. QUE SIGNIFIE 2 P 5 M ?

Le terme défini par le JIPM est : Analyse PM. Nous avons adopté celui d'analyse 2 P 5 M pour mémoriser plus facilement son contenu.

Analyse : Cette méthode est destinée à mettre en évidence les **principes** ou les **lois naturelles** qui génèrent un problème et à clarifier les mécanismes et conditions d'apparition de celui-ci.

2 P = Problème : perte chronique (qualité, fiabilité, performance)
+ **Physique** : principe ou loi naturelle à l'origine du problème.

5 M = Mécanisme de génération du problème
+ **4 M** : **Machine, Main-d'œuvre, Matériel, Méthodes**

L'analyse 2 P 5 M nous apprend comme l'ensemble de la démarche TPM®️ à ne pas porter de jugement *a priori* sur la valeur de contribution d'une cause. Elle est réservée à la suppression des derniers ppm (parties par millions) de défauts ou de défaillances, niveaux pour lesquels les méthodes traditionnelles de résolution de problèmes ne sont plus efficaces.

Pour conduire l'analyse 2 P 5 M on considère que **toutes les causes logiques** :

- sont possibles,
- méritent d'être inventoriées,
- doivent être vérifiées sur le terrain.

2. VERS LE ZÉRO DÉFAUT OU LE ZÉRO DÉFAILLANCE CHRONIQUE

Les méthodes traditionnelles de résolution de problèmes s'adressent principalement à l'étude des causes spéciales. Elles sont souvent basées sur un diagramme de Pareto qui permet de définir les priorités (20/80).

La figure 12.1 représente le schéma traditionnel d'utilisation du diagramme de Pareto. A, B et C ayant été retenues comme étant les causes principales, on constate :

*   que les causes A, B et C n'ont pas été réduites à zéro (on a appliqué à nouveau, volontairement ou non, sur chacune d'entre elles le principe de Pareto),
*   qu'en s'arrêtant au traitement de 20 % des causes, il reste 80 % des causes initiales qui, même si ce ne sont pas les plus importantes, créent le « **bruit de fond** » **du processus** en termes de défaillances chroniques relatives à la qualité ou la fiabilité du processus.

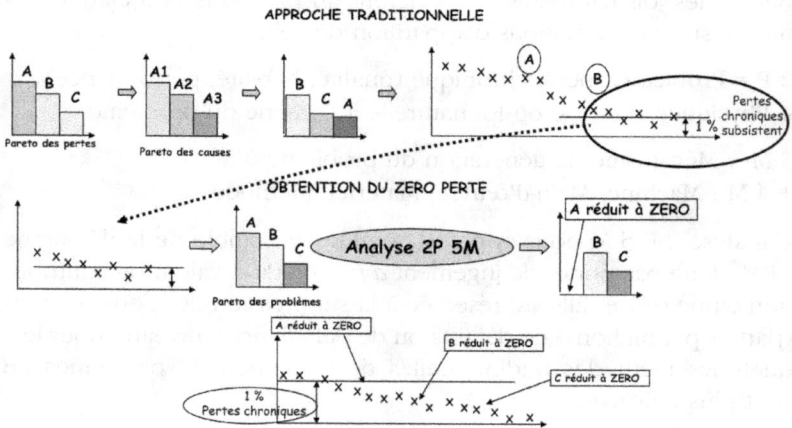

Figure 12.1 – Les limites du principe de Pareto

Le Zéro défaut, le Zéro défaillance exigent la suppression de ce bruit de fond, c'est-à-dire des défaillances chroniques. Il est alors indispensable de pouvoir disposer d'outils plus sophistiqués.

Remarque

L'application du principe de Pareto est assez ambiguë et correspond au traitement des urgences. Pour répondre à l'urgence, Pareto nous aide à sélectionner les causes ayant les effets les plus importants mais il n'a pas précisé que pour « tuer » le problème il fallait aller plus loin. Il présageait peut-être que les entreprises seraient ensevelies sous les urgences.

3. QUEL EST LE PRINCIPE DE L'ANALYSE 2 P 5 M ?

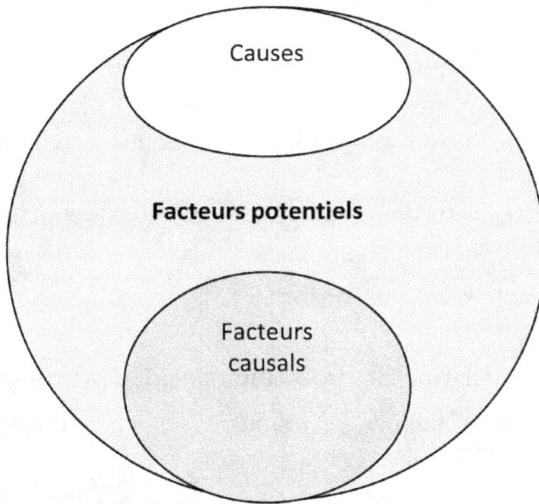

Figure 12.2 – Principe de l'analyse 2 P 5 M

L'analyse 2 P 5 M est une méthode d'analyse systématique d'un problème qui examine **tous les facteurs causals** et identifie **toutes les anomalies** pour les réduire à ZÉRO.

Pour définir ce qu'est un facteur causal on doit préciser les termes :

* **Facteur potentiel** : toute condition qui peut contribuer au problème.
* **Cause** : toute condition qui précède et crée **toujours** le problème.

Un facteur potentiel peut :

* produire par lui-même le problème, c'est une **cause**,
* contribuer directement ou non au problème, c'est alors un **facteur causal**.

4. LES 8 ÉTAPES DE L'ANALYSE 2 P 5 M

L'analyse 2 P 5 M est conduite en 8 étapes avec les objectifs suivants :

1. Clarifier le problème sans idée préconçue.

2. Réaliser l'analyse physique : déterminer les **interactions** des différentes composantes du processus au point de vue physique.

3. Identifier **tous les facteurs potentiels possibles** de changement de ces interactions.

4. Identifier **toutes les causes logiques possibles** pouvant être à l'origine de ces facteurs potentiels.

5. Définir pour chaque cause logique envisagée les **conditions optimales visées**.

6. **Détecter les écarts** entre existant et conditions optimales.

7. Supprimer ces écarts ou anomalies.

8. Corriger, améliorer, standardiser.

4.1. Étape 1 : Clarifier le problème sans idée préconçue

Objectif : définir clairement le problème observé à travers sa manifestation extérieure.

Précaution : il est primordial d'éliminer toutes les idées préconçues et d'écarter toute hypothèse ou supposition. Pour cela on s'attache à :

1. Décrire le problème à partir d'observations sur le terrain.

On exprime de manière précise ce que l'on constate en décomposant suffisamment le problème en petits éléments vérifiables.

Si l'on se contente d'un constat général on ne peut pas être exhaustif dans l'analyse et par conséquent on ne sera pas en mesure de trouver tous les facteurs causals.

2. Classer les observations suivant un QQOQCP (*cf.* exemple page 1 annexe 18).

3. Faire l'inventaire dans le processus ou sur le produit de ce qui est correct (Bon) et de ce qui ne l'est pas (Mauvais).

4.2. Étape 2 : Réaliser l'analyse physique
(*cf.* exemple page 2 annexe 18)

Objectif : décomposer le problème au point de vue physique pour aller au-delà de l'expérience, de l'intuition ou des impressions.

Précaution : décomposer cette étape en différentes phases suivant la figure 12.2 ci-dessous :

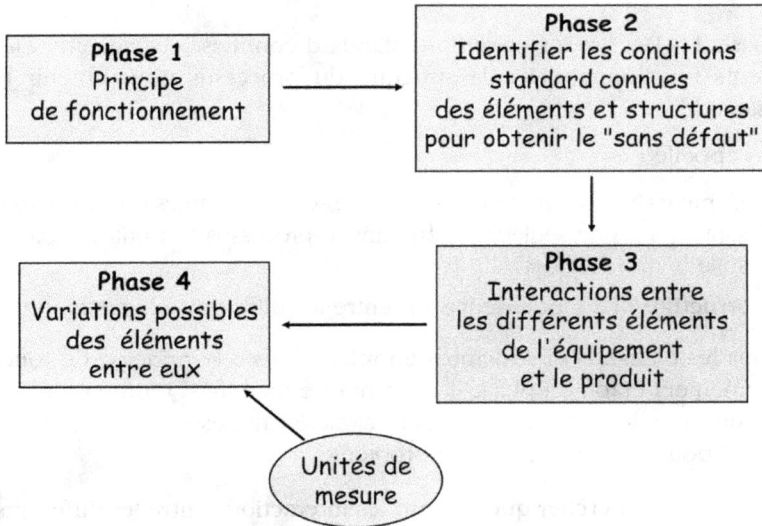

Figure 12.3 – Principe de l'étape 2

Phase 1 - Comprendre le principe de fonctionnement du processus

a) Déterminer le principe ou la loi physique qui régit l'opération en question.

b) Réaliser le schéma de principe de l'opération en cause.

c) Identifier les modules fonctionnels et les structures qui sont directement en relation avec le problème.

Remarque

La construction d'un schéma permet de se poser des questions relatives au fonctionnement du processus, de positionner les éléments les uns par rapport aux autres, de créer l'image mentale du système.

On peut, à partir de cette base, décrire le processus au groupe de travail, chaque membre du groupe aura la même connaissance du problème.

Phase 2 – Décrire les conditions standard connues relatives aux éléments fonctionnels et à la structure du processus pour obtenir le « sans défaut ».

On appelle :

* **Éléments fonctionnels** : Un groupe de sous-ensembles ou de composants qui a une seule fonction dans le processus (on utilisera par la suite le mot élément).
* **Structure** : Le mode de liaison entre les différents éléments.

Tous les éléments et structures en relation avec le principe de fonctionnement établi en phase 1 doivent être identifiés. On peut définir ensuite quelles doivent être leurs caractéristiques (conditions standard) pour qu'il n'y ait pas de problème.

Phase 3 – Rechercher quelles sont les interactions entre les différents éléments du processus : machine, outillage, montage, outils, matière et éventuellement produit si l'on traite un problème qualité.

Phase 4 – Rechercher les changements possibles de ces interactions et quantifier leurs variations : unité physique mesurable et valeur.

Remarque

Comprendre les mécanismes et structures du processus est essentiel pour pouvoir définir le problème.

Sans cette compréhension on ne peut pas ordonner les facteurs potentiels pouvant contribuer à l'apparition du problème. Ce besoin implique qu'un spécialiste du domaine participe au groupe de travail réalisant l'analyse 2 P 5 M.

4.3. Étape 3 : Identifier les facteurs potentiels de changement (*cf.* exemple page 3 annexe 18)

Objectif : identifier de manière exhaustive, sans idée préconçue, tous les facteurs potentiels possibles pouvant être à l'origine du changement des interactions.

Précaution : ces facteurs doivent contenir tous les facteurs causals (facteurs contribuant directement ou non au problème).

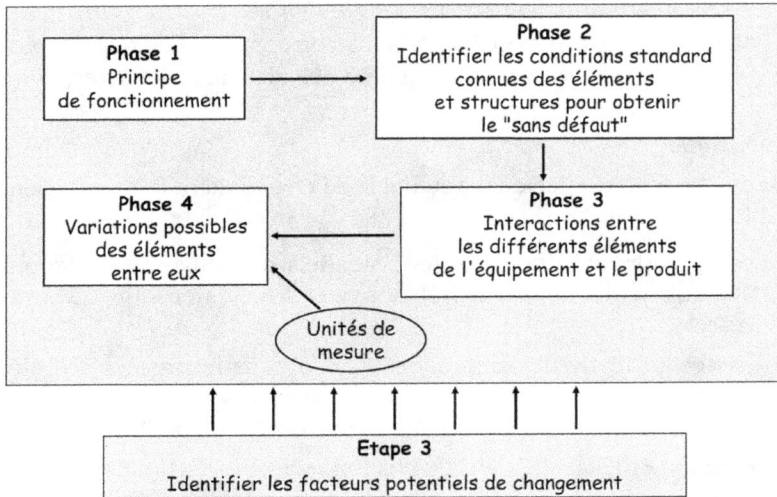

Figure 12.4 – Principe de l'étape 3

- À l'étape 2 on a fait apparaître les éléments en interaction et les variations pouvant survenir sur ces interactions.
- Durant l'étape 3 on recherche quel peut être l'impact de chaque M sur la variation de ces interactions (Causes/Effets), en se basant sur le principe des 4 M et en se limitant dans un premier temps aux éléments fonctionnels.
- L'étape 4 permet ensuite d'envisager, en cascade, les causes logiques possibles au niveau des sous-ensembles et des composants.

Les 4 M sont utilisés pour obtenir les réponses suivantes :

- **Machine** : au sens de la normalité de chaque ensemble ou composant. Quel est l'impact d'une dégradation de chaque ensemble ou chaque composant sur la variation de l'interaction ?

- **Méthodes** : quels sont les liens entre la variation de l'interaction et les paramètres d'exploitation et de réglage de ces ensembles ou composants ?

- **Main-d'œuvre** : si les 2 M précédents sont corrects, on vérifie si les variations peuvent être dues à des standards trop imprécis ou à un non-respect de ceux-ci par les opérateurs.

- **Matière** : si les M précédents sont corrects, vérifier que le problème ne provient pas de la qualité des matières premières.

Remarque

Dans l'examen des facteurs potentiels de changement il est indispensable de :

- comprendre que les facteurs potentiels ne peuvent être identifiés qu'à partir de leur corrélation avec les éléments du 4 M process.

- passer en revue et comprendre le rôle dans le process des éléments fonctionnels et des structures avant de vouloir identifier les facteurs potentiels de changement (phase 2 – étape 2).

- déterminer l'état standard de chaque élément fonctionnel susceptible de générer la variation et vérifier sur le terrain s'il existe d'éventuelles anomalies.

- confirmer que chacune des anomalies repérées peut expliquer le phénomène.

- réexécuter les corrélations 4 M pour être sûr que d'autres conditions n'ont pas été oubliées.

4.4. Étape 4 : Identifier toutes les causes logiques possibles

Objectif : identifier à partir des 4 M toutes les causes logiques possibles des anomalies détectées sur les sous-ensembles et les composants et qui peuvent être à l'origine des facteurs potentiels précédents.

Le nombre de niveaux 4 M est à choisir suivant le problème étudié.

On crée une cascade de « Causes/Effets » ; chaque cause potentielle devient elle-même un effet.

Précaution : chaque M doit être exprimé en terme mesurable et véri-fiable.

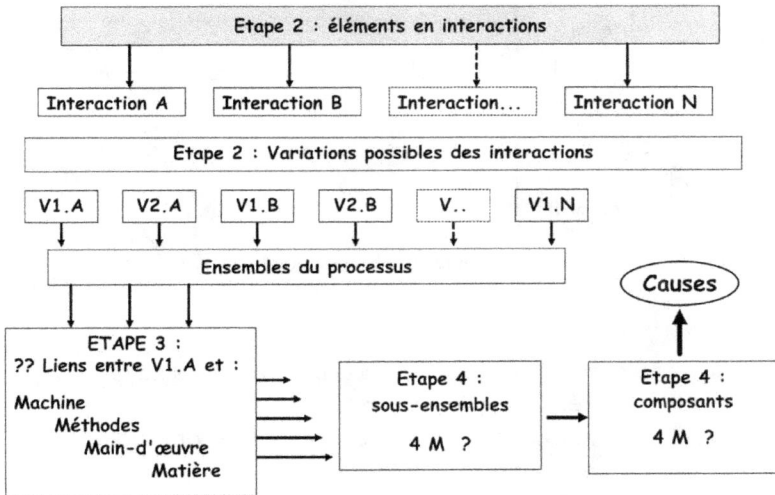

Figure 12.5 – Principe de l'étape 4

4 M primaires et 4 M secondaires :

On appelle :

- **4 M primaires** : toutes les causes qui peuvent être à l'origine des changements des ensembles de l'équipement.

- **4 M secondaires** : toutes les causes qui peuvent être à l'origine de chaque M primaire.

Points clés relatifs aux 4 M primaires :

1. Ignorer le degré de contribution ou l'importance des causes. Vou-loir définir des priorités n'est pas raisonnable.

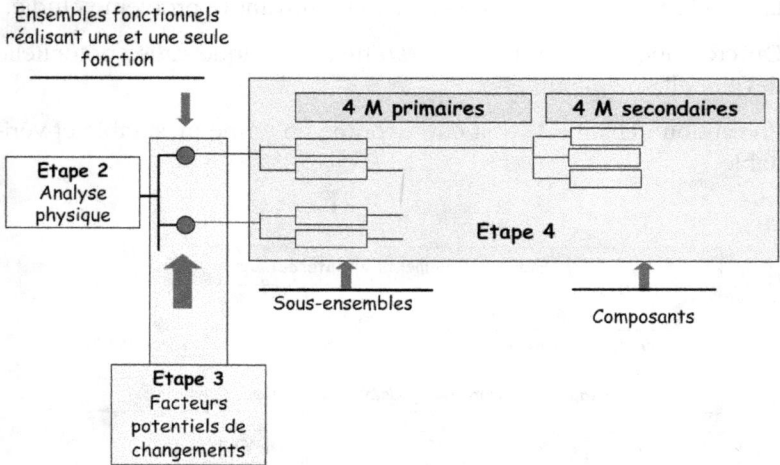

Figure 12.6 – 4 M primaires et secondaires

2. Lister toutes les causes logiques possibles relatives aux :
   – matières : précision issue du process amont,
   – méthodes : fonctionnement, démarrage, modes opératoires, mesures,
   – éléments humains : savoir-faire, respect des consignes.

Ceci aussi bien au niveau de la machine que de son environnement et de ses accessoires.

3. Vérifier que chaque corrélation primaire retenue peut être la cause du facteur potentiel étudié.

Points clés relatifs aux 4 M secondaires :

1. Il est important de lister tous les facteurs sans tenir compte de leur impact ou de leur degré d'importance.

2. Prendre en compte chaque corrélation primaire et la réduire à son propre facteur potentiel (ici le composant).

3. Pour chaque corrélation secondaire identifiée se demander si elle contribue au facteur 4 M primaire.

4. Appliquer les mêmes précautions que pour les 4 M primaires.

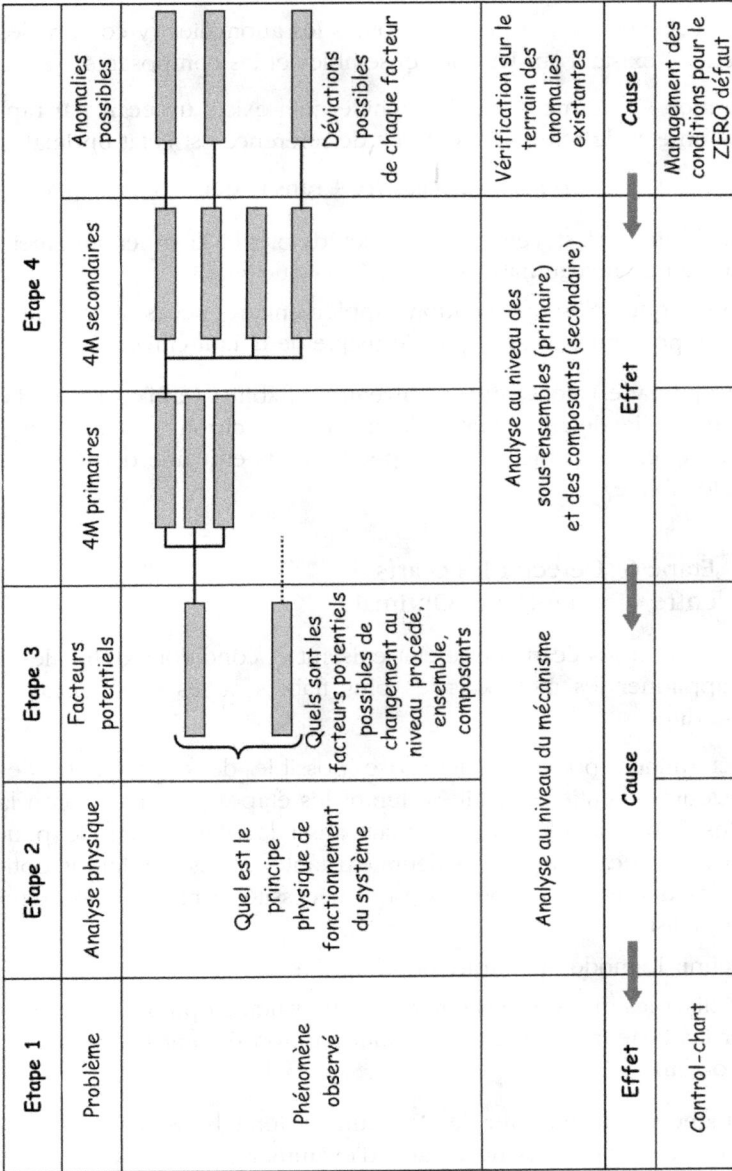

Étape 1	Étape 2	Étape 3	Étape 4		
Problème	Analyse physique	Facteurs potentiels	4M primaires	4M secondaires	Anomalies possibles
Phénomène observé	Quel est le principe physique de fonctionnement du système	Quels sont les facteurs potentiels possibles de changement au niveau procédé, ensemble, composants			Déviations possibles de chaque facteur
	Analyse au niveau du mécanisme		Analyse au niveau des sous-ensembles (primaire) et des composants (secondaire)		Vérification sur le terrain des anomalies existantes
Effet	**Cause**		**Effet**		**Cause**
Control-chart					Management des conditions pour le ZERO défaut

Figure 12.7 – Synthèse des étapes 1 à 4

4.5. Étape 5 : Définir les conditions optimales

Objectif : rechercher et identifier toutes les anomalies (y compris les « légères ») existant sur les sous-ensembles et les composants.

Précaution : le terme anomalie signifie qu'il existe un écart par rapport à un état de référence. Cet état de référence est l'état **optimal**.

optimal = nécessaire + sans risque

* **nécessaire :** c'est l'état qui permet d'obtenir le fonctionnement attendu au niveau fiabilité, qualité, productivité.

* **sans risque :** c'est la condition supplémentaire, nécessaire et suffisante pour qu'il n'existe pas de risque de défaut chronique.

L'état optimal est donc un haut niveau de fiabilité (faible probabilité de panne, de défaut qualité, de défaillance chronique) associé à une productivité conforme aux spécifications et à une disponibilité (maintenabilité).

4.6. Étape 6 : Détecter les écarts
entre « Existant » et « Optimal »

Pour mesurer les écarts entre état existant et conditions optimales il faut appliquer les méthodes les plus fiables et les plus efficaces. C'est-à-dire :

1. Déterminer, pour chaque cause possible de changement des facteurs potentiels identifiés durant les étapes 3 et 4, la façon la plus fiable, la plus précise mais aussi la plus commode pour mesurer l'écart entre les valeurs existantes et les conditions optimales définies à l'étape 5. Ce qui nécessite la participation d'un spécialiste.

2. Définir le mode opératoire de la mesure.

3. Réaliser les mesures, les comparer aux valeurs optimales et détecter les facteurs anormaux qui sont par conséquent les causes du problème.

Commencer par mesurer les facteurs potentiels. Si ceux-ci sont conformes, il n'est pas nécessaire d'examiner les 4 M primaires et secondaires.

4.7. Étape 7 : Définir les anomalies à traiter

Objectif : Sélectionner les déviations (Existant/Optimal) qui doivent être considérées comme des anomalies.

Précautions :

- Examiner absolument tous les facteurs potentiels.
- Comparer les conditions anormales par rapport aux standards actuels ou prévisionnels.
- Réfléchir en termes de conditions optimales et non en termes de conditions « seulement » nécessaires.
- Classer en anomalies tous les points qui sont à la frontière entre normal et anormal.
- S'assurer d'avoir compris les phénomènes qui sont derrière chaque condition anormale.

4.8. Étape 8 : Corriger – Améliorer – Standardiser

Objectif : Le groupe de travail définit pour chaque anomalie toutes les corrections et améliorations nécessaires. Il élabore le plan d'actions préventives à appliquer.

Précautions :

- Réparer avant de modifier. Grouper autant que possible les différents facteurs pour les réparer et les améliorer simultanément.
- Après réparation, planifier les améliorations et le remplacement des technologies obsolètes.
- Prévoir les mesures de prévention de la récurrence.
- Confirmer l'efficacité des actions en se demandant si :
  – certains facteurs n'ont pas été oubliés,
  – les valeurs standard sont correctes.
- Standardiser les améliorations et mettre en place les mesures préventives pour éviter la récidive.

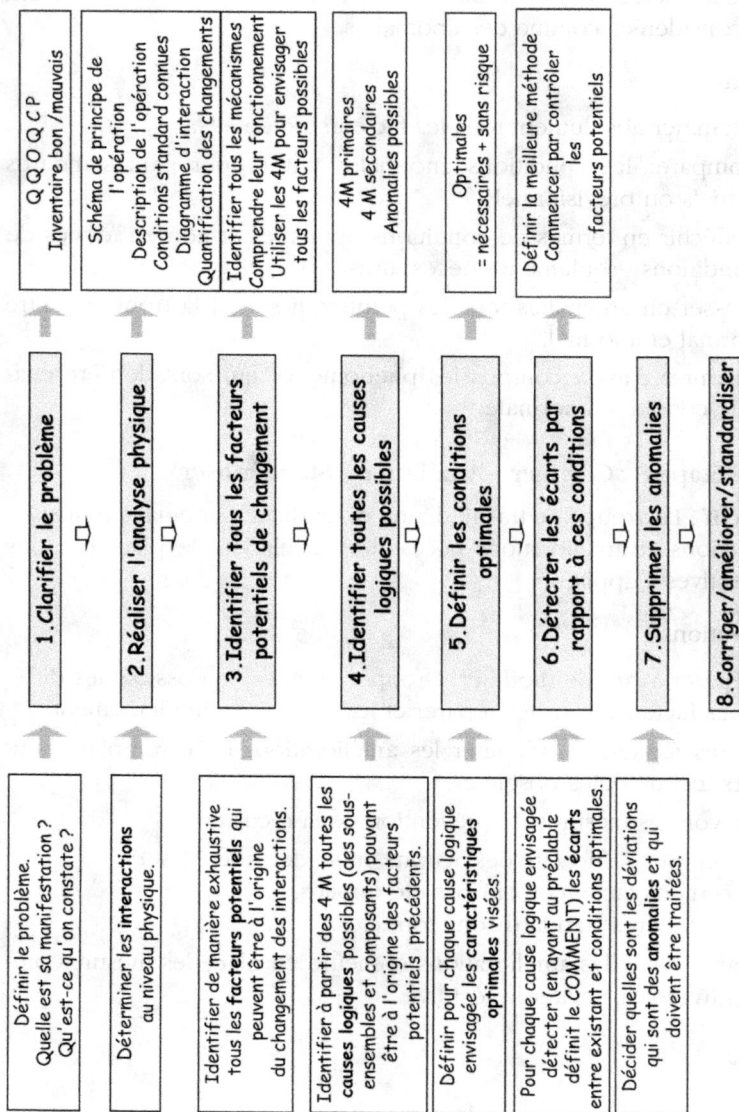

Figure 12.8 – Synthèse des étapes

1. Clarifier le problème

QQOQCP
Inventaire bon /mauvais

Définir le problème.
Quelle est sa manifestation ?
Qu'est-ce qu'on constate ?

2. Réaliser l'analyse physique

Schéma de principe de
l'opération
Description de l'opération
Conditions standard connues
Diagramme d'interaction
Quantification des changements

Déterminer les **interactions**
au niveau physique.

3. Identifier tous les facteurs
potentiels de changement

Identifier tous les mécanismes
Comprendre leur fonctionnement
Utiliser les 4M pour envisager
tous les facteurs possibles

Identifier de manière exhaustive
tous les **facteurs potentiels** qui
peuvent être à l'origine
du changement des interactions.

4. Identifier toutes les causes
logiques possibles

4M primaires
4 M secondaires
Anomalies possibles

Identifier à partir des 4 M toutes les
causes logiques possibles (des sous-
ensembles et composants) pouvant
être à l'origine des facteurs
potentiels précédents.

5. Définir les conditions
optimales

Optimales
= nécessaires + sans risque

Définir pour chaque cause logique
envisagée les **caractéristiques
optimales** visées.

6. Détecter les écarts par
rapport à ces conditions

Définir la meilleure méthode
Commencer par contrôler
les
facteurs potentiels

Pour chaque cause logique envisagée
détecter (en ayant au préalable
défini le COMMENT) les **écarts**
entre existant et conditions optimales.

7. Supprimer les anomalies

Décider quelles sont les déviations
qui sont des **anomalies** et qui
doivent être traitées.

8. Corriger/améliorer/standardiser

© Groupe Eyrolles

5. POINTS CLÉS DE L'ANALYSE 2 P 5 M

1. Le groupe chargé de l'analyse doit être composé de techniciens production, méthodes, maintenance et d'un opérateur. On aura très souvent besoin du spécialiste du domaine concerné (exemple soudure, collage, métallurgie, etc.).

2. Mettre en valeur l'analyse 2 P 5 M avec des dessins simples et des croquis (pour clarifier les terminologies ou les expressions complexes ou obscures).

3. Lister tous les facteurs potentiels sans tenir compte de leur amplitude ou de leur impact apparent.

4. S'assurer d'avoir inventorié tous les facteurs potentiels de manière précise et complète. Pour chacun vérifier les liaisons Cause/Effet (de 4 M secondaires vers 4 M primaires puis vers facteurs potentiels).

5. Si la valeur standard d'un facteur causal n'est pas claire, utiliser temporairement ce standard qui sera éventuellement modifié après analyse des résultats.

6. Pour ne pas se tromper et obtenir une efficacité maximale, examiner :
   – les facteurs potentiels et déterminer ceux qui sont anormaux,
   – puis les 4 M primaires en corrélation avec les facteurs potentiels anormaux,
   – et enfin les 4 M secondaires en corrélation avec les 4 M primaires anormaux.

7. Regrouper les anomalies identifiées et les corriger simultanément.

8. Retrouver impérativement les conditions initiales (sans défaut) avant de rechercher des améliorations.

9. Se demander continuellement le « **pourquoi** » de chaque anomalie et remonter aux causes potentielles parmi les 4 M y compris le comportement humain.

10. Lorsque le résultat de l'analyse est décevant, cela signifie que des facteurs ont été oubliés ou que les standards sont trop indulgents. Dans ce cas on doit recommencer l'analyse.

11. Les paramètres fixés dans les standards de maintenance préventive doivent permettre d'assurer les conditions optimales.

12. Contrôler le process pour être sûr que les décisions prises sont efficaces.

13. L'analyse 2 P 5 M est moins une méthode qu'une manière de voir les choses. Chaque responsable doit avoir cette approche. Après deux ou trois exemples d'application de l'analyse 2 P 5 M on constate généralement un changement de mentalité.

Chapitre 13

Pilier 7 : TPM®
dans les services fonctionnels

Les services fonctionnels (planning, méthodes, magasins et stockages, services administratifs, achats, informatique, etc.) constituent des **usines**.

- Le **produit** est l'**information** qui doit être facilement accessible, utile, exacte, rapide et facile à utiliser.
- les **procédures** sont les **machines** de production.
- L'**environnement** de travail est constitué par les bureaux et les matériels.

Pour que la valeur ajoutée de ces usines soit maximale il est nécessaire :

- de supprimer les anomalies et de rendre les employés responsables de la qualité des informations (le produit),
- d'entretenir les supports,
- d'améliorer la structure et de supprimer les tâches sans valeur ajoutée,
- d'augmenter les connaissances et le savoir-faire du personnel.

Pour obtenir ces conditions on appliquera dans ces usines ou ateliers (procédures + bureaux + matériel) les 4 premiers piliers de la TPM® :

- chasse aux pertes,
- maintenance autonome,
- maintenance planifiée,
- amélioration des connaissances et du savoir-faire.

1. COMMENT RÉALISER LA CHASSE AUX PERTES ?

La chasse aux pertes a pour objectif d'améliorer l'efficacité de chaque service et de diminuer les pertes chroniques concernant :

- la réalisation de sa mission : ce sont les fonctions qu'il doit accomplir dans le système de management de l'entreprise. Celles-ci s'inscrivent dans une relation **Client/Fournisseur** avec tous les autres services de l'entreprise.

- son organisation : les travaux qui doivent être exécutés pour accomplir la mission.

Il ne suffit pas de réduire les pertes dues aux lourdeurs administratives ou informatiques et aux modes opératoires mal définis ; il faut améliorer l'efficacité de l'ensemble des activités.

L'encadrement peut adopter deux approches différentes pour conduire ce pilier :

- soit analyser les pertes actuelles et les éliminer progressivement,

- soit (à favoriser) définir la situation idéale du service, les moyens nécessaires pour réaliser les améliorations.

2. COMMENT DÉVELOPPER LA MAINTENANCE AUTONOME ?

Elle est appliquée :

- aux fonctions du service : qualité et efficacité du travail (recherche permanente d'économie et de simplification),

- à l'environnement : amélioration et maintien de l'efficacité du travail en éliminant le stress dû au matériel et à l'environnement.

La maintenance autonome est développée en utilisant les connaissances et l'expérience de tout le personnel. Cette implication permet d'engager les employés dans l'amélioration continue définie par la chasse aux pertes (tel que cela a été fait pour les ressources de production). Ce pilier se déroule en 5 étapes.

Étape 1 : Nettoyage/Rangement initial

L'objectif de cette étape est d'éliminer tout ce qui est inutile et de rendre les lieux de travail plus agréables. Cela nécessite de :

- définir un endroit commun réservé aux fournitures de bureau,
- définir la codification des documents,
- regrouper certains dossiers individuels,
- développer l'organisation visuelle :
  - identifier tous les documents dans les armoires,
  - mettre en place un repérage visuel,
- vérifier s'il est nécessaire d'archiver certains documents et si oui dans quelles conditions,
- classer les documents suivant la nature du travail.

Remarque

L'audit de cette étape prévoit un test dit « test des 30 secondes ». En l'absence du titulaire du poste, toute personne autorisée doit trouver l'information ou le document dont elle a besoin en moins de 30 secondes.

Étape 2 : Analyse du déroulement des tâches

Cette étape a pour objectif de détecter les défauts pour :

- éliminer les tâches inutiles (documents, rapports, etc.) et les redondances,
- améliorer l'efficacité du personnel.

Toutes les procédures et méthodes de travail existantes sont examinées pour mettre en évidence les problèmes. Cette analyse est réalisée sur trois niveaux :

- analyse fonctionnelle : en allant de la mission principale vers les fonctions élémentaires pour clarifier les relations entre objectifs et tâches, en tenant compte des flux d'information de l'entreprise et des missions des différents services,
- analyse des tâches du service et des individus : tâches, documents utilisés, fréquence, durée, difficultés rencontrées,
- analyse des flux d'information et des documents définissant le partage des tâches, les responsabilités, les liaisons avec les autres services.

Étape 3 : Amélioration continue de l'efficacité basée sur le partage des tâches et des responsabilités

Étape 4 : Standardisation et automatisation des tâches, amélioration du management visuel

Étape 5 : Poursuite de l'amélioration continue par le développement de formations

3. COMMENT APPLIQUER LA MAINTENANCE AUTONOME DANS LES ENTREPÔTS ET STOCKAGES ?

Pour ce type de locaux, la maintenance autonome a pour ambition :

1. d'obtenir des espaces propres, rangés, exempts de matériel inutile, accessibles et sécurisés. On s'attachera au « respect de la ligne blanche » qui ne correspond pas à un impératif mais à un indicateur de dysfonctionnement : pourquoi les marchandises débordent-elles de la zone affectée ?

2. de disposer de moyens de stockage et de manutention en bon état,

3. d'améliorer le repérage, la capacité de distribution, le contrôle visuel d'inventaire et de besoin de réapprovisionnement,

4. d'améliorer la définition des paramètres de gestion des stocks.

Chapitre 14

Pilier 8 : Sécurité, conditions de travail et environnement

L'accident se produit quand un état d'insécurité se combine à un comportement à risque. En supprimant l'imprévu dans les activités de production et en standardisant les méthodes de travail, la TPM® permet d'obtenir le **Zéro accident**.

En effet les différents piliers créent les éléments de la sécurité tels que :

- standardisation du travail, visualisation de l'état normal,
- responsabilisation, implication,
- rigueur,
- communication,
- connaissances, savoir-faire, réflexe d'amélioration permanente,
- état des équipements,
- suppression des « ennuis permanents » qui exaspèrent et poussent à prendre des risques,
- respect des équipements, de son travail et de soi-même.

Le tableau ci-dessous visualise l'impact du pilier 2 (Maintenance autonome) sur la sécurité.

Étapes du pilier 2	Objectifs	Contribution à la sécurité
1. Nettoyage/Inspection 2. Suppression des sources de salissures – amélioration de l'accessibilité 3. Définition des standards d'inspection 4. Inspection générale	**Suppression des anomalies** : fuites, projections matières, vibrations, bruits, état des équipements. **Rangement** : matières, outillages **Accessibilité** : pour travail, nettoyage, contrôle **Diminution des imprévus** : pannes, incidents récurrents, micro-défaillances **Standardisation** des modes opératoires	Supprimer l'état d'insécurité
5. Maintenance autonome 6. Gestion autonome 7. Amélioration permanente	**Comprendre** le fonctionnement des équipements **Améliorer** les méthodes de travail et l'ergonomie **Protéger** soi-même son environnement de travail	Supprimer les comportements d'insécurité

D'autres paramètres ont un impact sur la sécurité tels que :

- Standardisation et préparation des interventions de maintenance.
- Prise en compte de la sécurité, des conditions de travail, de l'accessibilité, des nettoyages et des contrôles au stade de la conception.
- Amélioration du savoir-faire par les leçons ponctuelles.
- Mise en place de « **patrouilles sécurité** » (chacun, du directeur à l'opérateur, consacre du temps pour observer l'espace de travail).

Partie 3

DÉVELOPPEMENT ET PÉRENNISATION DE LA TPM®

Chapitre 15

Mise en œuvre de la TPM®

1. COMMENT DÉVELOPPER LA DÉMARCHE ?

La TPM® est développée suivant 4 grandes périodes :

* la préparation de l'action y compris le lancement des chantiers pilotes,
* le lancement officiel,
* le déploiement de la démarche,
* l'amélioration permanente.

Le planning général de conduite du projet est appelé « **Master Plan** ». Sa présentation globale dans l'annexe 19 visualise les phases de préparation et de déroulement des différents piliers. La TPM® visant l'ensemble de l'entreprise y compris les services fonctionnels, le Master Plan est détaillé pour chaque secteur de l'entreprise. Il est élaboré à un horizon de 3 à 5 ans.

Le tableau ci-après permet de visualiser ces 4 périodes. Vous ne serez pas étonné de retrouver là aussi différentes étapes (12 étapes).

Périodes	Objectifs	Étapes	Actions
Préparation	Préparer le projet	1	Décision de la direction générale
			Définition des objectifs généraux
		2	Formations et Communication
		3	Définition de la structure TPM®
			Réaliser un chantier pilote
	Affiner le projet en fonction de l'expérience apportée par le pilote	4	Définition de la politique TPM® et de ses objectifs en termes de PQCDSME ?
	Établir le Master Plan	5	

Périodes	Objectifs	Étapes	Actions
Lancement		6	
Déploiement	Améliorer la performance du système de production	7	Lancement piliers 1 à 4
	Obtenir les conditions initiales	8	Lancement pilier 5
		9	Lancement pilier 6
		10	Lancement pilier 7
		11	Lancement pilier 8
Amélioration permanente		12	

2. COMMENT PRÉPARER L'ACTION ?

La préparation repose sur :

- la compréhension de la démarche par l'équipe de direction et la déclaration par la direction générale d'intégrer la TPM® dans la politique de l'entreprise,
- la formation de tous les responsables et le développement d'une campagne d'information interne,
- la définition de la politique et des objectifs **généraux** de l'entre- prise (**pourquoi** la direction intègre la TPM® dans sa politique générale),
- la mise en place de l'organisation TPM® (responsable projet, comi- tés, commissions) et du système de promotion,
- la préparation du schéma d'implantation de cette nouvelle politi- que,
- la réalisation du chantier pilote (maintenance autonome et chasse aux pertes).
- la définition du Master Plan à 3 et 5 ans et des objectifs en termes de PQCDSME.

2.1. Rappels

1. Après la formation de la direction et des chefs de service, un groupe pilote (plusieurs si l'effectif est important) est constitué

par les participants pour réaliser sur un chantier pilote les piliers Chasse aux pertes et Maintenance autonome. Ce chantier est mené sur une période d'environ 3 mois pour arriver jusqu'à l'étape 3 de la maintenance autonome. Ce qui nécessite généralement que les membres du groupe consacrent environ 2 heures par semaine à ce chantier.

Le choix du chantier est fonction de son importance pour la performance de l'entreprise et de la possibilité de duplication horizontale des solutions apportées.

Les membres du groupe pilote peuvent ainsi :
– comprendre l'importance d'aller sur le terrain et d'être rigoureux,
– montrer l'exemple et acquérir l'expérience qui leur permettra de promouvoir la TPM®,
– conduire les premiers chantiers de leur secteur,
– prendre conscience du temps nécessaire pour retrouver l'état stable du système de production et établir un Master Plan réaliste pour leur secteur,
– définir l'organisation TPM® de leur secteur (choix et dimensionnement des chantiers, structure et responsabilités),
– corriger éventuellement le mode de calcul du TRG,
– montrer leur engagement.

2. Ce chantier pilote démontre que dans l'entreprise beaucoup de problèmes élémentaires ont été oubliés et lève la réserve habituelle : « Chez nous c'est différent, ça ne marchera pas ». Au contraire, très souvent, l'encadrement est étonné de découvrir un grand nombre d'anomalies sur les équipements et des problèmes d'organisation.

3. COMMENT DÉPLOYER LA DÉMARCHE ?

Le déploiement de la démarche s'effectue suivant les 2 axes stratégiques présentés au chapitre 5.

Axe n° 1 – Atteindre l'efficacité maximale du système de production en développant les piliers 1 à 4 : Amélioration au cas par cas, Maintenance autonome, Maintenance planifiée, Amélioration des connaissances et du savoir-faire.

Axe n° 2 – Obtenir les conditions idéales de la performance industrielle par l'application approfondie des piliers 5 à 8 : Conception produits et équipements ; Maintenance de la qualité ; TPM® dans les services fonctionnels ; Sécurité, conditions de travail et environnement.

Remarques

1. Ces 2 axes représentent une progression vers l'excellence de la performance des ressources de production. Chacun des piliers 1 à 4 comportant une dernière étape d'amélioration permanente, leur développement sera bien entendu poursuivi tout au long de la démarche.

2. Il est évident que les entreprises n'ont pas attendu la TPM® pour traiter les problèmes de qualité ou de sécurité ; par contre l'application rigoureuse de ces piliers permet d'obtenir le Zéro défaut et le Zéro accident.

3. L'obtention du premier prix TPM, le prix d'excellence, nécessite au moins (catégorie B) d'avoir généralisé le développement des piliers 1 à 5 à l'ensemble du domaine concerné par le prix.

4. S'APPUYER SUR UNE STRUCTURE PYRAMIDALE

La TPM® s'appuie sur une structure pyramidale. Chaque directeur, chaque responsable de département ou de service anime la démarche pour améliorer la performance de son secteur. Bien entendu, chacun a aussi pour objectifs de fournir à ses clients internes les informations et moyens dont ils ont besoin et de participer avec eux à la chasse aux pertes.

Ces remarques peuvent sembler passe-partout, mais nous ne devons pas oublier l'analyse de E.W. DEMING relative aux dysfonctionnements dus aux hommes, aux équipements et au système.

Il faut savoir écouter le personnel sur le terrain et le faire participer aux améliorations. Mais il faut aussi que la direction et l'encadrement montrent leur volonté, donnent les moyens nécessaires et traitent les problèmes relevant de leur responsabilité. Ces moyens ne sont pas seulement financiers, ils touchent l'organisation, la rigueur, la persévérance sans oublier la promotion des résultats obtenus et de l'engagement du personnel.

Suivant la figure 15.1, la structure mise en place pour déployer la TPM® s'appuie sur différentes commissions et comités qui assurent :

* la promotion de la TPM®,
* l'engagement des différents responsables,
* le respect de la méthodologie JIPM.

Cette structure favorise le développement de la démarche, la communication, la standardisation et la reproduction horizontale des progrès obtenus.

4.1. Créer les communications

Il existe une commission pour chaque pilier. Chacune d'elle a pour rôle de :

* promouvoir l'utilisation et le développement du pilier concerné,
* s'assurer que la stratégie et la méthodologie de chaque pilier sont respectées,
* répondre à l'attente de chaque responsable secteur sur l'amélioration de ses performances,
* aider les responsables de projets dans le développement de leurs études,
* s'assurer que les différentes fonctions concernées facilitent la réalisation des projets,
* garantir le respect des plannings,
* valider les résultats obtenus.

Dans de petites sociétés ces commissions peuvent être remplacées par des « **champions** ».

4.2. Créer les comités

Suivant la taille de l'entreprise on crée, de manière plus ou moins structurée, différents comités, en particulier :

* Comité de promotion TPM® entreprise ;
* Comité de pilotage usine ;
* Comités TPM® de chaque département ;
* Comité des pilotes maintenance autonome.

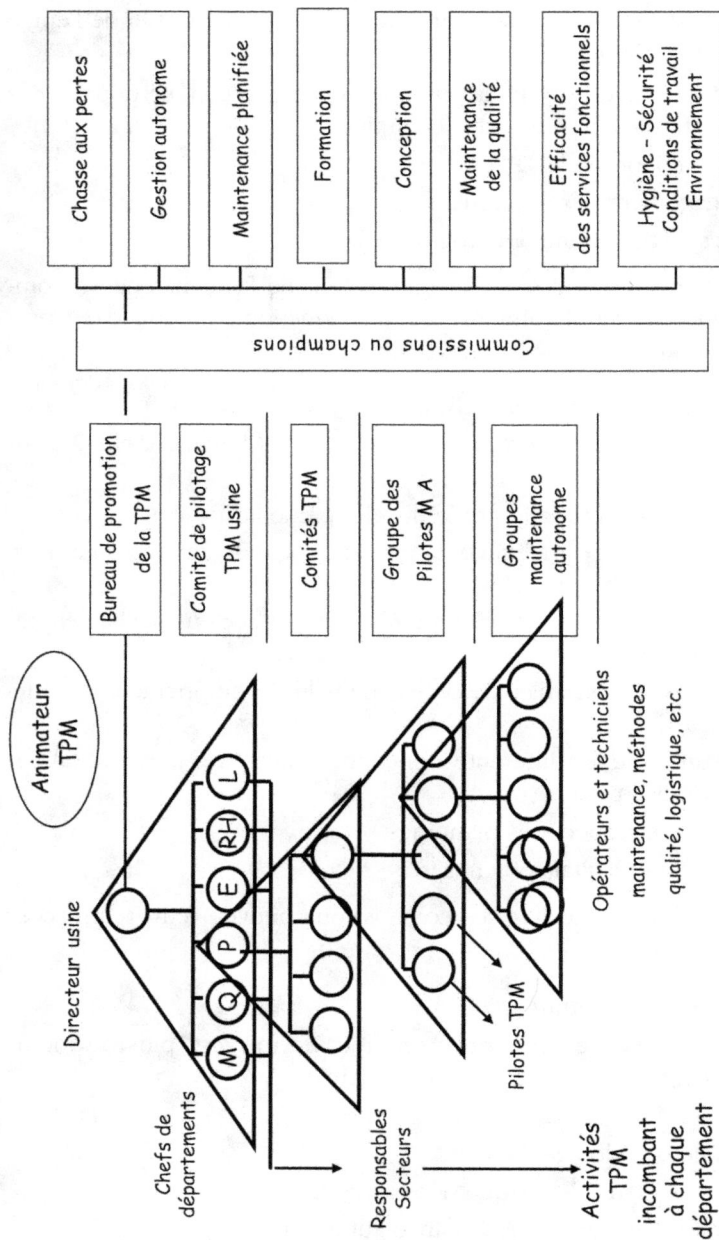

Figure 15.1 – Structure TPM®

Comité de promotion TPM® entreprise :

Il est présidé par le directeur général et composé des directeurs d'usines. Il a pour mission :

- d'intégrer la TPM® dans la politique de l'entreprise,
- de définir les objectifs généraux,
- de s'assurer de la progression de la démarche suivant le Master Plan.

Comité de pilotage usine :

Il est constitué des chefs de départements sous la présidence du directeur d'usine. Il a pour mission de :

- définir la stratégie et le plan directeur du site,
- organiser les groupes projets,
- s'assurer de la progression de la démarche conformément au Master Plan usine,
- dégager les moyens financiers, humains et organisationnels,
- aider à résoudre les problèmes rencontrés dans le déroulement de la démarche,
- assurer la communication des résultats au niveau du site.

Comités TPM® de chaque département :

Un groupe existe par département ou service (production, maintenance, qualité, méthodes, etc.). Chaque groupe est animé par le responsable hiérarchique et composé de son encadrement. Il a pour rôle :

- de bâtir le plan directeur du département et de suivre la progression des différents piliers,
- d'organiser les groupes de progrès,
- d'élaborer et suivre le tableau de bord de la démarche.

Comité des pilotes maintenance autonome :

Animé par le responsable production, il réunit les chefs d'atelier et les pilotes maintenance autonome. Il permet l'échange d'expériences et assure une cohérence entre les différents groupes.

Groupes de travail maintenance autonome :

Ils sont à la base du développement de la maintenance autonome dans les ateliers de production. Des techniciens maintenance, méthodes, qualité, logistique sont associés à ces groupes (correspondants). Si chaque opérateur a pour mission de détecter les anomalies, traiter les étiquettes bleues et respecter les conditions normales d'utilisation des équipements, les groupes maintenance autonome ont pour rôle de :

- définir les conditions normales d'utilisation des équipements,
- définir les standards provisoires de nettoyage et d'inspection et les faire évoluer,
- proposer des améliorations concernant les équipements et leurs conditions d'utilisation.

Remarque

Ces groupes rejoignent et renforcent l'organisation des groupes autonomes ou des unités élémentaires de travail. Ils se réunissent une fois par semaine devant le tableau d'affichage maintenance autonome.

4.3. Définir le rôle de chaque acteur – Obtenir son engagement

Chaque salarié a un rôle à jouer, un travail à réaliser pour permettre la réussite du projet TPM® et obtenir les améliorations attendues. Chacun, du directeur à l'opérateur, doit être acteur mais aussi **demandeur**.

- **Le directeur d'usine doit :**
  - montrer sa **ténacité** et son **engagement** dans la démarche,
  - aller sur le terrain (on motive les gens en les écoutant et non en leur parlant),
  - animer le comité de pilotage usine et s'assurer des résultats obtenus,
  - être le garant du respect du Master Plan usine et des plans des différents départements,
  - affecter les ressources financières, humaines et organisationnelles pour assurer l'avancement de la TPM® suivant le plan directeur,

– réaliser les audits hiérarchiques et savoir reconnaître à cette occasion le travail des groupes.

- **Les chefs de départements ou de services**
Tous les responsables des départements opérationnels et fonctionnels sont concernés par la démarche. Ils ont pour objectifs d'améliorer la performance de leur secteur et de participer aux actions communes qui permettront d'améliorer la performance globale de l'entreprise. Ils doivent décliner la volonté de la direction et montrer leur engagement dans la démarche. Chaque responsable doit :
  – motiver et obtenir l'adhésion de son personnel,
  – rendre compte de l'avancement de la démarche auprès de la direction,
  – assister, si besoin, les groupes de chasse aux pertes,
  – augmenter la compétence et l'efficience de son service,
  – participer aux revues de direction et aux audits hiérarchiques,
  – manager les groupes de travail de son service afin de respecter les objectifs qui ont été définis et validés avec eux,
  – suivre ses propres indicateurs.

- **Le responsable production**
Le responsable production est le manager des ressources de production, aussi il est responsable de l'efficacité et de la qualité de ces ressources. C'est pour lui que l'on a construit les 8 piliers de la TPM®. Il a un rôle primordial dans le pilier Maintenance autonome, il doit :
  – manager les groupes de travail maintenance autonome afin de respecter les objectifs qu'il a définis et validés avec eux,
  – participer aux audits hiérarchiques de la maintenance autonome,
  – animer les réunions des pilotes de groupes maintenance autonome.

- **Le responsable maintenance**
Il est **directement** concerné par les piliers Maintenance autonome, Chasse aux pertes, Maintenance planifiée. Il doit :
  – utiliser les moyens mis à sa disposition pour traiter dans les délais les étiquettes rouges,
  – affecter des techniciens maintenance aux groupes maintenance autonome,

– obtenir l'adhésion de ces techniciens, les encourager à être exigeants vis-à-vis des équipements et à apporter leurs connaissances aux opérateurs,
– participer aux audits hiérarchiques de maintenance autonome,
– prendre en compte la suppression des pertes dues à la fiabilité des équipements,
– préparer et mettre en œuvre le pilier Maintenance planifiée,
– assurer l'amélioration des connaissances et du savoir-faire de ses techniciens.

• **Les pilotes des groupes maintenance autonome** (pilote = chef d'équipe, agent de maîtrise ou responsable unité élémentaire de travail)
Ils agissent directement sur le terrain, avec les opérateurs, pour développer le pilier Maintenance autonome. Ils ont pour missions principales de :
– rendre les opérateurs exigeants vis-à-vis de leurs équipements et de leur environnement de travail,
– planifier les actions de maintenance autonome,
– suivre le traitement des étiquettes,
– favoriser la remontée des propositions d'amélioration et mettre en œuvre les améliorations,
– améliorer le savoir-faire des opérateurs et développer les leçons ponctuelles,
– animer la communication (suivi des actions, mise à jour, réunions hebdomadaire devant le tableau maintenance autonome),
– organiser et animer les audits autonomes,
– assurer la cohérence entre les différentes équipes postées,
– s'assurer de la bonne application des standards de Nettoyage/ Inspection et les faire évoluer,
– animer les groupes de résolution de problèmes.

• **Les techniciens de maintenance**
Les techniciens de maintenance, correspondants maintenance auprès des groupes maintenance autonome, sont impliqués dans le traitement des étiquettes rouges ; ils ont aussi un rôle, hors hiérarchie, d'assistant et de formateur auprès des opérateurs et pilotes maintenance autonome.

D'autre part ils doivent optimiser l'efficacité, la qualité, les coûts de la maintenance en améliorant la fiabilité et la maintenabilité des équipements, en acquérant de nouvelles compétences. Ils doivent en particulier :

- être exigeants vis-à-vis du respect de la normalité des équipements (absence de laxisme),
- aider les opérateurs à devenir autonomes dans la gestion de leurs équipements (réalisation et amélioration des standards),
- aider les opérateurs à formuler leurs propositions d'améliorations et à trouver les meilleures solutions,
- réaliser des leçons ponctuelles à la demande des pilotes maintenance autonome,
- établir des comptes rendus précis de leurs interventions en recherchant en particulier la cause première des pannes,
- apprendre à exploiter les historiques des équipements pour améliorer l'efficacité de leurs interventions.

- **Le responsable projet ou animateur TPM®**
Le responsable de projet a un rôle d'assistant auprès de sa direction et des différents services. Il forme les différents acteurs mais il est aussi le garant de la méthodologie.

Il assiste :
- la direction dans le développement et le suivi de la démarche,
- les responsables de départements dans leurs actions TPM®, dans leur suivi et dans la préparation des différentes réunions,
- la hiérarchie dans la préparation et la réalisation des audits,
- les pilotes des groupes maintenance autonome pour démarrer les nouveaux groupes, maîtriser l'animation de groupe, réaliser le suivi administratif de l'action, utiliser les leçons ponctuelles.

Il assure :
- le support méthodologique et le respect de la méthode JIPM,
- la cohérence entre les différents départements et services,
- la cohérence de la démarche avec le système normatif,
- la formation du personnel.

Il pousse à l'action mais n'agit pas à la place des autres.

5. QUELLES SONT LES CONDITIONS DE RÉUSSITE ?

Dans sa phase de démarrage, la TPM® mobilise facilement les opérateurs, qui subissent ou constatent journellement des dysfonctionnements sur le terrain. Mais la TPM® exige beaucoup de ténacité et ne peut être menée au coup par coup.

La TPM® est un investissement :

• en argent et en temps, mais celui-ci est très faible par rapport aux gains obtenus. C'est surtout un engagement initial.

L'encadrement doit être conscient qu'il est plus efficace de donner de son temps et de celui de son secteur pour résoudre définitivement les problèmes plutôt que de jouer un rôle permanent de pompier. Si les opérateurs sont faibles, l'encadrement et la maintenance ne font que pallier leurs faiblesses. La compétence des opérateurs permet à l'encadrement et à la maintenance de travailler à leur vrai niveau.

• dans les hommes et les moyens de production. Il faut prendre le temps nécessaire pour :
  – aller sur le terrain afin de découvrir ou de vérifier les problèmes de fond,
  – supprimer la cause première des dysfonctionnements,
  – améliorer les équipements (fiabilité, performances, conditions de travail),
  – former le personnel.

Les résultats obtenus sur les chantiers pilotes et le potentiel de gain mis en évidence par la matrice des pertes sont les meilleurs arguments pour le développement de la TPM®.

La direction peut s'appuyer sur la stratégie et la méthodologie de la démarche pour contrôler son bon déroulement. La TPM® définit **comment** on doit faire !

La TPM® est un projet d'entreprise. Elle exige :

• Volonté et persévérance de la direction qui :
  – adopte la TPM® comme un système de production,
  – l'intègre dans la politique à moyen terme de l'entreprise et fixe sur cette durée des objectifs de progrès clairs et ambitieux,

- établit un planning volontariste à moyen terme en tenant compte des ressources disponibles,
- accepte que le retour de son investissement ne soit palpable qu'après 2 ans,
- crée une structure TPM® permanente (bureau TPM®, comités, commissions),
- assure la disponibilité du responsable projet,
- accepte en tant qu'investissement d'arrêter les équipements pour retrouver et conserver leur fiabilité, de libérer les opérateurs pour qu'ils se forment et améliorent la performance des équipements et les méthodes de travail,
- assure elle-même le suivi du projet et montre en permanence dans les ateliers son intérêt pour l'activité des groupes autonomes,
- construit un plan de communication efficace (le potentiel de gain mis en évidence par la matrice des pertes puis les résultats obtenus sont des arguments solides).

- Engagement formel et solennel du management :
  - management des hommes et animation des groupes TPM®,
  - disponibilité des pilotes maintenance autonome qui sont formés à l'animation de groupes et aux méthodes de résolution de problèmes.

- Participation de toutes les fonctions :
  - l'activité TPM® est obligatoire pour tous,
  - tous les services opérationnels et fonctionnels sans exception respectent la démarche et réalisent le travail demandé par la TPM®.

- Respect de sa méthodologie :
  - regrouper les différents méthodes et outils de progrès existants dans la démarche TPM®,
  - standardiser (retrouver et respecter les conditions de base) avant de vouloir améliorer,
  - ne pas ignorer ce qui dérange en se justifiant par le fait que « c'est japonais »,
  - obligation de rigueur à tous les niveaux,
  - respecter intégralement la stratégie et la méthodologie. La TPM® dit **comment** on doit faire ; on ne peut faire de la « TPM® à la carte »,

- accepter de ne pas vouloir tout faire d'un seul coup (Kaizen),
- adopter un rythme soutenu et faire preuve de persévérance.

- Une politique de management du personnel :
  - intégrer la TPM® dans la gestion prévisionnelle des emplois et des compétences (GPEC),
  - développer dans toute l'entreprise une démarche participative,
  - stabiliser le personnel (la polyvalence dans un secteur est issue de la maîtrise de chaque poste).

6. COMMENT PÉRENNISER LA DÉMARCHE ?

Toute démarche de progrès et d'amélioration de la performance est soumise au phénomène d'autosatisfaction. La TPM® est moins sensible que d'autres démarches de progrès à ce phénomène car elle apporte un changement de culture qui concerne tous les acteurs de l'entreprise. De plus elle colle aux réalités du terrain et est développée suivant une logique naturelle. Il faut se rappeler ce que nous indique le JIPM :

Si les équipements changent, alors le personnel changera, et la culture de l'entreprise changera.

Ce changement est favorisé par les différentes mesures qui consistent à :

- intégrer la TPM® dans la politique de l'entreprise (les nouvelles directions devront accepter cette politique),
- s'appuyer sur les résultats obtenus (financiers et opérationnels) pour promouvoir la démarche,
- montrer en permanence dans les ateliers l'intérêt de la direction pour l'activité des groupes,
- se fixer des objectifs de progrès à moyen terme tels que l'obtention des différents prix TPM,
- développer de manière continue les piliers impliquant les services fonctionnels,
- mettre en place un plan de formation permanent pour les nouveaux embauchés.

ANNEXES

Annexe 1

Impact du TRG
sur le résultat d'exploitation

Hypothèse : le marché absorbe les quantités supplémentaires fabriquées.

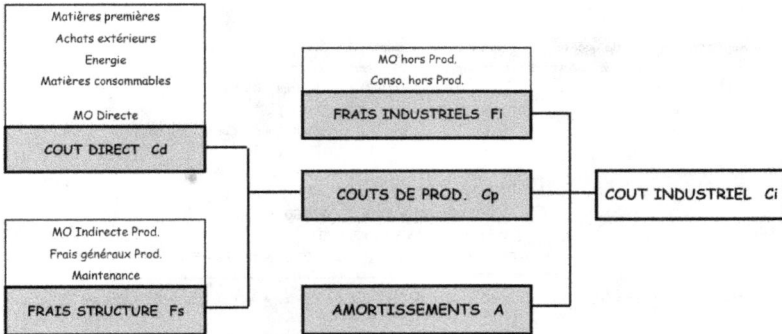

Matières premières
Achats extérieurs
Energie
Matières consommables

MO Directe

COUT DIRECT Cd

MO hors Prod.
Conso. hors Prod.

FRAIS INDUSTRIELS Fi

COUTS DE PROD. Cp

COUT INDUSTRIEL Ci

MO Indirecte Prod.
Frais généraux Prod.
Maintenance

FRAIS STRUCTURE Fs

AMORTISSEMENTS A

Résultat d'exploitation = Ventes − (Conso. + MO directe + Fs + Fi + A)

Conso = Mat. premières + Achats extérieurs + Énergie
          + Mat. consommables

1 - Augmentation taux de disponibilité --> Temps de marche augmente

L'équipement est utilisé plus longtemps avec le même effectif

Quantités produites	+	* K1	Ventes = K1 * V0
Matières premières	+	* K1	
Achats extérieurs	+	* K1	Coût indus. = K1*Conso. + MO directe + Fs + Fi + A
Energie	+	* K1	
Matières consommables	+	* K1	
MO Directe	=		

2 - Augmentation taux de performance ---> Productivité machine augmente

L'équipement lorsqu'il est en service produit plus

Quantités produites	+	* K2	Ventes = K2 * V0
Matières premières	+	* K2	
Achats extérieurs	+	* K2	Coût indus. = K2 *Conso. + MO directe + Fs + Fi + A
Energie	=		variation d'énergie non prise en compte
Matières consommables	+	* K2	
MO Directe	=		

3 - Augmentation taux de qualité ---> Production augmente

Diminution des rebuts; diminution des reprises ou retouches

Quantités produites	+	* K3	Ventes = K3 * V0
Matières premières	=		
Achats extérieurs	=		Coût indus. = Conso. + MO directe + Fs + Fi + A
Energie	=		
Matières consommables	=		
MO Directe	=		

$$TRG = K1 \times K2 \times K3 \times TRG0$$

Ventes $\quad K1 \times K2 \times K3 \times V0$

- Coût Indus. $\quad K1 \times K2 \times Conso. + MO\ directe + Fs + Fi + A$

Résultat d'exploitation = RE = $\quad K1 \times K2 \times K3 \times V - (K1 \times K2 \times Conso. + MO\ directe + Fs + Fi + A)$

$$RE - RE0 = V0\,(K-1) - conso\,(K1 \times K2 - 1)$$

Annexe 2

Exemple matrice des pertes

Rappel : La matrice des pertes est construite à partir :

- des 16 causes de pertes d'efficacité du système de production qui ont pour origines :
  - **les équipements :**
    - arrêts programmés (non pris en compte dans le calcul du TRG),
    - pannes,
    - réglages,
    - pertes aux démarrages,
    - marche à vide,
    - micro-arrêts,
    - sous-vitesse,
    - non-qualité, rebuts, retouches, qualité visée non obtenue.
  - **les carences de l'organisation :**
    - changements de fabrication,
    - activité des opérateurs,
    - déplacements, manutentions,
    - organisation du poste,
    - défauts logistiques,
    - excès de mesure,
    - manque de charge, blocage amont ou aval.
  - **les méthodes et procédés utilisés :**
    - rendement matériaux et rendement énergétique,
    - surconsommations d'outillages, de fournitures, de consommables.
- des composantes du coût de revient :
  - surcoûts de maintenance,
  - surcoûts de main-d'œuvre de production,
  - pénalités de retard, frais de livraisons exceptionnels, litiges,
  - etc.
- d'autres dépenses :
  - stocks et encours,
  - taxes environnementales,
  - cotisations accidents.

PILIER 1 : CHASSE AUX PERTES - Matrice des pertes

PERTES		Nature Perte	Unité	Actual N	N-1	N-2	N-3	Benchmark	Prix N-4	% visé	Actions envisagées	Responsable projet	N° fiches	Délai	obj_retenu	Situation	Réalisé
Main-d'œuvre & Équipements	Pannes	Sur goulet NST128	N/an	868	651	300	150	75	100	-88	Fiabilisation						
		Sur presse NU 30	N/an	522	320	160	75		50	-90	Remplacement système de guidage						
	Réglages	Reprise lots incomplets	N/an	1230	700	600	500	500	400	-67	Lancement par multiples de 12000						
	Chgt Fab.	Temps de changement	h/chgt	8	4	1	0,5	5	0,2	-98	SMED						
		Nombre de changements	Nb/mois	40	28	20	15		10		Planification des OT						
	Démarrages	/ / /															
Composantes du TRG	Attentes	Attente Fenwick	N/an	400	200	100	50		0	-100	Achat chariots de transfert						
		Attente ébauches	N/an	200	175	100	50		5	-98	Kanban						
		Attente logistique	N/an	150	100	50	20		5	-97	Visualisation des stocks						
	Arrêts - SV	Amélio. temps de cycle	p/mn	2,85	2,4		200		2,4	-16							
		Écarts sur TRG	N/an	892	675	500	200	1	50	-94	Maintenance autonome						
	Rebuts	Retouches	taux %	3	2,8	2,2	1,5		1	-67							
		Non-qualité	taux %	5	4	3	2		0	-100							
	Arrêts Prog.	Nettoyages	N/an	100	80	60	30		10	-90	Suppression des rejets poussiers						
		Pauses	N/an	200	100	80	60		40	-80	Organisation par roulement						
Main-d'œuvre	MO	Absentéisme	%	8	7	6	5	4	4	-50							
Outillages	Outillages	ST effiltrage poinçons	€	15000	10000	9000	8000		7500	-50	Intégration affiltrage						
Fournitures	Eau	Consommation	€	3000					1000	-67	Changement qualité Recyclage						
Énergie	Air comp.	Fuites réseau	m3/h	125	20				20	-84	Chasse systématique 1 fois / mois						
	Électricité																
Matière préciser les unités	M P	Rebuts	€	75000	60000	45000	30000		0	-100							
		Rejets poussiers	€	11000	8000	6000	5000		3000	-73							
	Emballages	Reprise lots incomplets	€	8700	6000	3000	1500		900	-90							
	PdR	Consommations	€	7600	7200	7000	6750		6500	-14							
		Stock magasin maintenance	€	45000	40000	35000	30000		30000	-33							
Sécurité																	
Coûts de travail Environnement préciser les unités		Taux rejet eaux industrielles	€	3200	2800	2600	2400		2000	-38	Diminution conso eau de lavage						
		Taux décharge	€	4640	3000	2200	2000		1800	-61	Diminution rejets poussiers						
TOTAL																	

Suivant modèle document formation instructeur JIPM

ANNEXE 2

Annexe 3

Exemple d'analyse du TRG d'un équipement

Cette présentation est un extrait d'un rapport faisant suite à l'analyse des résultats de mesure du TRG dans une entreprise. Les responsables avaient établi un plan d'amélioration du TRG comportant de nombreux projets d'action sans qu'il leur soit possible de définir les priorités.

Cette difficulté pour discerner les projets prioritaires était d'autant plus importante que l'entreprise avait un projet d'augmentation de capacité pour lequel il était nécessaire d'évaluer les possibilités d'amélioration de la performance des équipements.

L'auteur a utilisé les principes de la théorie des variations pour permettre à l'entreprise de faire le distinguo entre causes spéciales et causes communes et de pouvoir séparer dans son plan d'action les actions à court terme ayant pour objectifs de retrouver les conditions de base d'exploitation (mise sous contrôle de l'installation) avant d'entreprendre des études de fiabilisation ou d'amélioration de conception des équipements.

Cette étude est basée sur un relevé du TRG et des différentes causes de dysfonctionnements sur une période de 6 mois.

2 analyses ont été réalisées :

- Étude n° 1 portant sur l'ensemble des données obtenues (hors non-engagement),
- Étude n° 2 pour laquelle on a éliminé les journées durant lesquelles les causes spéciales de défaillances étaient supérieures à 10 h ainsi que toutes les journées où apparaissaient des temps requis potentiellement disponibles ou non disponibles.

Étude n° 1 :

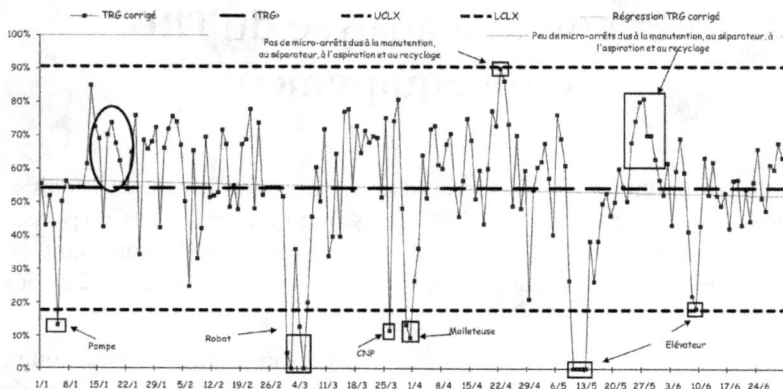

Le graphique de contrôle a pour caractéristiques :

- moyenne du TRG = 54,9 – moyenne étendue = 13,7
- Limite haute UCLX = 54,1 + 2,66 × 13,7 = 90,5 – Limite basse LCLX = 54,1 – 2,66 × 13,7 = 17,7
- l'hypothèse d'une loi normale doit être écartée.

Les points en dehors de la limite basse sont dus aux pannes seules ; c'est-à-dire qu'il n'y a pas addition de plusieurs causes. Il y a deux fois un problème dû au sous-ensemble « élévateur ».

Toutes ces défaillances sont des causes spéciales et devraient faire l'objet d'une analyse des causes par des groupes de travail Production/Maintenance.

Sur le graphique du TRG on a entouré par un cercle les ensembles de 7 points consécutifs au-dessus de la moyenne (cette caractéristique est l'indice d'une cause spéciale lorsque le phénomène étudié peut être considéré comme répondant à une loi normale, ce qui n'est pas le cas ici). On peut noter néanmoins que cette zone correspond à un faible niveau de pannes.

Remarque : la défaillance « Molleteuse » a eu un impact sur le TRG du 29/03 jusqu'au 02/04 donc plus que la période hors limite.

De même l'impact sur le TRG de la défaillance « Robot en défaut » s'est prolongé du 01/03 au 10/03. Cela signifierait-il que les dépannages n'ont été réalisés que partiellement ?

Pareto des pertes TRG

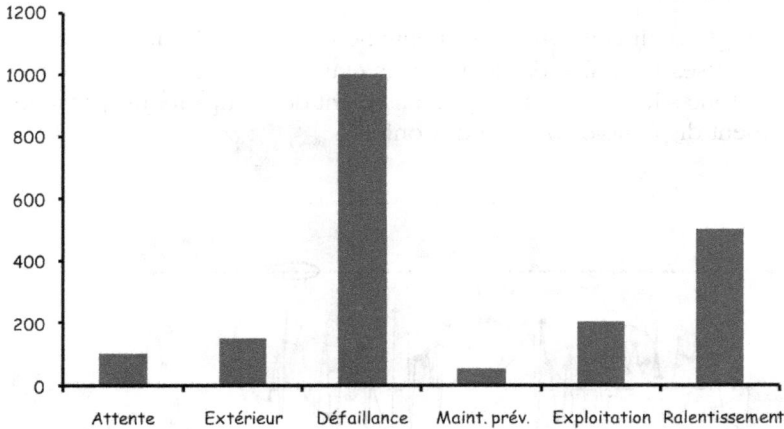

On constate qu'après les défaillances dues à des causes spéciales, la deuxième cause de perte concerne les ralentissements qui correspondent aux différents produits traités.

A priori il semblerait que les ralentissements fassent partie des causes communes mais ceci est à confirmer par une analyse détaillée de leurs causes premières d'autant plus que le Pareto de ceux-ci pose certaines questions. D'où l'idée de réaliser la 2e étude pour faire apparaître uniquement ces ralentissements.

On trouve des causes intitulées :

* Micro-arrêts : « Manutention » = 30 % en temps et « séparateur » = 13 %.

Il ne semble pas qu'il s'agisse de micro-arrêts car ils représentent un temps d'arrêt moyen (temps d'arrêt total/nb d'occurrence) de 0,84 heure.

* Nature produit : « Aspiration » = 21 % en temps pour un temps moyen de 1,70 h (105/62)

- Traitements effluents : « Recyclage » = 10 %
- « Embout » = 16 % pour un temps moyen de 1,24 h (83/66)

Un relevé représente à lui seul un temps d'arrêt de 6,87 h. Ce n'est plus un ralentissement.

Étude n° 2 :

Rappel : pour cette étude on a éliminé les journées durant lesquelles les causes spéciales de défaillances étaient supérieures à 10 h ainsi que toutes les journées où apparaissaient des temps requis potentiellement disponibles ou non disponibles.

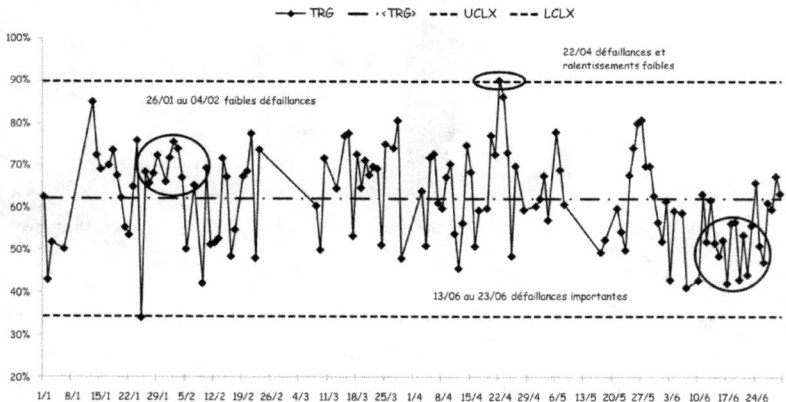

Dans les valeurs hors limites on note :

- le 25/01 : une conjonction de fortes valeurs des ralentissements et des défaillances.
- le 22/04 : une conjonction de faibles valeurs de ralentissements et des défaillances.

On pourrait parler de conjonction de deux causes communes.

Même si une série de 7 points consécutifs n'est pas significative dans le cas de phénomènes ne répondant pas à une loi normale, la période du 26/01 au 04/02 est caractérisée par de faibles défaillances et la période du 13/06 au 23/06 par de (relativement) fortes défaillances.

Répartition des ralentissements

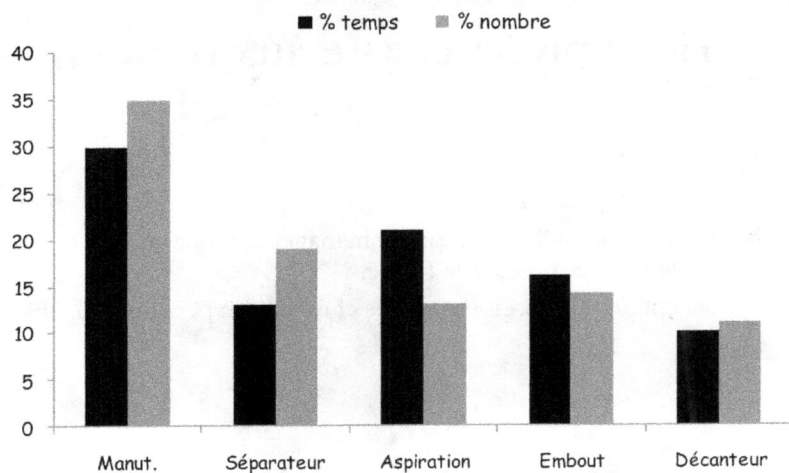

Annexe 4
Fiche projet chasse aux pertes

Formalisme et standardisation :

- obligent à respecter la méthodologie,
- facilitent la compréhension par le management qui peut se focaliser sur le fond et non sur la forme,
- permettent de capitaliser les progrès et rendre l'expérience utilisable.

© Groupe Eyrolles

FICHE PROJET CHASSE AUX PERTES

Nº Fiche: _ _ _ _ _ _ _ _

Secteur:	Equipement:	Responsable projet	Participants		

1 – Thème du projet:

2 – Fonction normale:

3 – Description du problème:

4 – Quantification du problème:

5 – Enjeux pour l'entreprise:

6 – Objectifs fixés:

7 – Analyse des causes effectuée (Indiquer la méthode utilisée):

7.1 Plan d'actions:

Nº	Cause	Action	Quand	Qui	Observations

8 – Raisons du choix des actions:

9 – Résultats obtenus (tangibles / intangibles):

10 – Mesures de verrouillage mises en place:

11 – Actions futures envisagées:

Annexe 5

Audit étape 1

Un audit est un référentiel qui a pour but de :

- vérifier que toutes les actions prévues dans l'étape en cours ont bien été exécutées,
- évaluer l'état des équipements et l'engagement des hommes par rapport à l'exigence de l'étape,
- s'assurer que les éléments nécessaires à l'étape suivante ont bien été préparés,
- reconnaître le travail des opérateurs et des techniciens de maintenance.

3 niveaux d'audit :

- autonome : réalisé par le groupe maintenance autonome,
- hiérarchiques : chef d'atelier – directeur d'usine.

L'exemple fourni étant relatif à une petite entreprise ne comporte qu'un niveau hiérarchique.

© Groupe Eyrolles

AUDIT EQUIPEMENT   Etape 1

ATELIER	Audit autonome		Audit hiérarchique	
	Date souhaitée:	Date réalisée:	Date souhaitée:	Date réalisation:

EQUIPEMENT	Nbre de points: Σ (1 à 5) + 6	Niveau d'acceptation: > 90 Accepté: [ ] Refusé: [ ]	Nbre de points: Σ (1 à 5) + 6	Niveau d'acceptation: > 80 Accepté: [ ] Refusé: [ ]
		Animateur	Visa Animateur	Visa Auditeur

| Audit autonome [ ] | Audit hiérarchique [ ] |

	Items	Description	Insuffisant 2 points	Passable 3 points	Bon 4 points	Excellent 5 points
1	Structure de l'équipement	Absence de salissures				
		Toutes les anomalies sont-elles repérées ? Des boulons sont ils desserrés ?				
2	Etat des auxiliaires	Absence de salissures				
		Toutes les anomalies sont-elles repérées ? Des boulons sont-ils desserrés ?				
3	Environnement de travail	Rangement et propreté des outils, des outillages, des instruments de mesure Absence de matériel inutile				
		Les capots de protection ou de captation sont-ils en place ?				
4	Nettoyage	Les équipements nécessaires au nettoyage sont-ils disponibles, rangés et inventoriés ?				
		Des améliorations ont-elles été réalisées pour protéger les organes sensibles ou faciliter leur nettoyage ?				
5	Mise sous surveillance des anomalies	Des inspections / nettoyages des différentes zones sont-elles réalisées suivant les standards provisoires ? Des étiquettes sont-elles posées durant ces opérations ?				
		Les zones de salissures ou difficiles d'accès ont-elles été repérées ?				

Suivant modèle document formation instructeur JIPM

AUDIT EQUIPEMENT Etape 1 suite

	Points de référence	10 points	15 points	20 points	25 points
6	Utilisation des techniques de la T P M	Le tableau d'affichage est-il à jour suivant les standards ? Les leçons ponctuelles sont-elles utilisées ? Les anomalies sont-elles traitées dans les délais ?				
		La démarche T P M est-elle comprise par le personnel ? Tout le personnel participe-t-il aux activités T P M ? Un point régulier de l'activité est-il fait régulièrement ?				

TOTAL 6 : .... / 50

		2 points	3 points	4 points	5 points
Grille d'évaluation	1 à 5	EQUIPEMENT	Pratiquement rien n'est fait. Seuls les endroits visibles sont traités	Les endroits difficiles d'accès ont été pris en compte	Tout les endroits sont inspectés et sont nettoyés	L'inspection et le nettoyage sont satisfaisants. Des études permettant de nettoyer les endroits difficiles ont débuté.

		10 points	15 points	20 points	25 points
	6	PERSONNEL	Le personnel montre peu d'intérêt. L'encadrement l'encourage à réaliser certaines tâches	Le personnel est volontaire mais manque de savoir-faire	Les Opérateurs participent à la plupart des activités T P M	Le domaine de responsabilité de chacun est bien défini et est strictement respecté

POINTS PARTICULIERS

Suivant modèle document formation instructeur JIPM

Annexe 6

Exemple standard provisoire de nettoyage

Origine Renault Trucks – CFC

Standard Provisoire de Nettoyage

N° Réf.	LIGNE : W800 Finition	CHANTIER TPM		Date	Rédigé par	Validé par	Modifié le
SPN T 5 25 1 3 01	EQUIPEMENT : OP 94	OP 93 à 130		03/04/2006	D. Meuriot	12/04/2006	
				Visa	D. Meuriot	A. Hermier	

Zone de Salissures

N° Item	Standard	Mode opératoire	Outillage	Fréq.	Responsable de l'action	Durée opérationnelle	
						Actuelle	Améliorée
1	nettoyage pupitre et clavier PC Amiral		chiffons	1f/sem.	opérateur	5 min	
2	nettoyage filtre postes SEFG	cf leçons ponctuelles	soufflette	1f/sem.	opérateur	3 min	
3	dégratonnage torches SEFG	cf leçons ponctuelles	brosse	1f/poste	opérateur	2 min	
4	dépoussiérage dévidoir SEFG	cf MO T 5 19 5 101 pour démontage	chiffons, brosse	1f/15 jrs.	opérateur	3 min	
5	balayage de la zone		balai, pelle	1f/poste	opérateur	5 min	
ENVIRONNEMENT	APPLIQUER LES CONSIGNES ENVIRONNEMENT LORS DES NETTOYAGES						
SECURITE	APPLIQUER LES CONSIGNES SECURITE						

Annexe 7

Fiche d'amélioration

Origine Renault Trucks – CFC

FICHE D'ETUDE D'AMELIORATION N° A 34 Groupe TPM : Plaque Avant

Projet décidé à partir de la proposition enregistrée sur la feuille de suivi du tableau TPM

DESCRIPTION DU PROBLEME

Des grattons de soudure ont projeté sur les têtes de détecteurs de position des pièces. Ceux-ci ne détectent plus la présence pièce et créent un arrêt.
D'où obligation d'effectuer des nettoyages systématiques et malgré ceux-ci il y a risque d'arrêt sur incident.

ACTION D'AMELIORATION

Protection de la face la plus exposée des détecteurs par une plaque de plexiglass.

Suivant modèle document formation

PILOTE : G. GOND

Délai : Mars 03

	25	50
	100	75

Coûts

Main-d'œuvre : 8 heures/montage
Matériel : 430 €
Sous-traitance :
TOTAL : 550 €

Résultats obtenus

Plus de nettoyages Gain 78 h/an soit 1200 €

Verrouillage

Vérifier régulièrement l'état et la fixation des plaques

Reproduction horizontale

OUI   NON

SITUATION

Avant	Après

Annexe 8

Exemple standard provisoire de maintenance autonome

Origine Renault Trucks – CFC

Standard Provisoire de Maintenance de Premier Niveau

TPM

N° Réf. SPM T 5 07 1 101

LIGNE : W800 finition

EQUIPEMENT : manipulateur

CHANTIER TPM		Rédigé par	Validé par	Modifié le
manipulateur porte	**Date**	28/02/2006	14/04/2006	
	Visa	G.Limousin	Duquenne.D	

N° Item	Standard	Mode opératoire	Outillage	Fréq.	Responsable de l'action	Durée opérationnelle Actuelle	Durée opérationnelle Améliorée
1	Contrôle du jeu entre vis et support	MO T 5 07 1 101	réglet	1F / poste	Opérateur	1 min	
2	Contrôle des cales entre porte et panneau	MO T 5 07 1 101	visuel	1F / poste	Opérateur	1 min	
3 & 4	Contrôle des appuis manipulateur et caisse	MO T 5 07 1 201	3 => réglet, 4 => visuel	1F / poste	Opérateur	1 min	
5	Contrôle du jeu abattants fermés	MO T 5 07 1 301	visuel	1F / poste	Opérateur	1min	
6	Contrôle des appuis manipulateur et porte	MO T 5 07 1 401	réglet	1F / poste	Opérateur	1min	
SECURITE	APLLIQUER LES CONSIGNES SECURITE MAINTENANCE PREMIER NIVEAU						

RENAULT TRUCKS

	MODE OPERATOIRE	W 800	
		porte	
		manipulateur	RENAULT TRUCKS
MO T 5 07 1 401	**géometrie sur montage**	PERIODICITE : 1 fois / poste	

OPERATIONS A EFFECTUER PAR L'OPERATEUR

6)   **Controle des appuis**

faire le controle des appuis avec une porte dans le manipulateur

moyen : reglet
controle: le reglet ne doit pas passer entre la porte et les touches d'appuis

Annexe 9

Leçons ponctuelles

Origine Renault Trucks – CFC

Rappel : 3 types de leçons – 4 points clés pour construire chacune d'entre elles.

- **Connaissances de base**
    - quelles sont les conditions normales ?
    - quelles sont les anomalies possibles ?
    - qu'est-ce qu'elles pourraient provoquer ?
    - quelles sont les actions préventives à adopter ?

- **Prévention d'un dysfonctionnement**
    - quel est le phénomène observé ?
    - quelles sont les causes ?
    - que doit-on faire immédiatement ?
    - quelles sont les mesures préventives à adopter ?

- **Modification pour amélioration**
    - quelle était la situation ?
    - quelle est la nature de cette amélioration ?
    - quels sont les points importants et sensibles de l'amélioration ?
    - quelles sont les mesures préventives à adopter ?

Total Productive Maintenance

Leçon ponctuelle

RENAULT TRUCKS

Cas de : CONNAISSANCE DE BASE	N°.MA001..........
Points qui doivent être connus de tous les utilisateurs	
1/Quelles sont les conditions normales ?	Date: 25/04/2003
2/ Quelles sont les anomalies possibles ?	
3/ Qu'est-ce qu'elles pourraient provoquer ?	Préparé par :
4/ Quelles sont les actions préventives à adopter ?	C. ARTEL

THEME : **Mauvais entretien des pistolets peinture**

Pointeau neuf

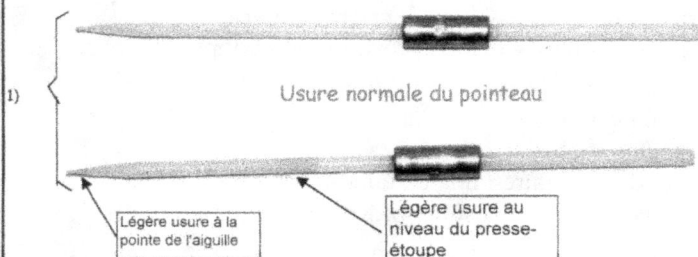

1)

Usure normale du pointeau

Légère usure à la pointe de l'aiguille

Légère usure au niveau du presse-étoupe

Usure anormale du pointeau

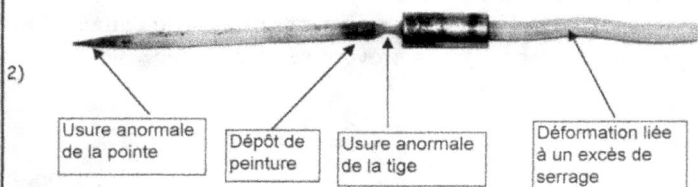

2)

Usure anormale de la pointe

Dépôt de peinture

Usure anormale de la tige

Déformation liée à un excès de serrage

3) Grains, coulures

4) Appliquer les consignes de réglage préconisées dans la fiche jointe

Date						
Formateur						
Formé						

Annexe 10

Fiche d'analyse de panne

ANALYSE DE PANNE D'UN ÉQUIPEMENT PRIORITAIRE — En cours — Fermé

Atelier : | Équipement : | N° BT : | N° analyse :

Description problème

Arrêt de ligne : | Arrêt de l'équipement | Problème sans arrêt
Date apparition problème : | Problème déjà rencontré

Schéma représentatif du phénomène

Définition problème

QUOI :
QUAND :
OÙ :
QUI :
COMMENT :
Différence entre ce qui est bon et mauvais

Analyse des causes & mesures correctives

Actions engagées	Détail de l'action
Révision des Cdts d'utilisation	
Révision des Stds d'inspection	
Formation des opérateurs	
Révision des Standards MP	
Révision mode opé. réparation	
Formation des tech. maint.	
Modif. conception	

Cause première issue analyse 5 P (Document au verso)

Nature :

Interventions réalisées sur l'équipement suite à analyse 5 P

1
2
3
4
5
6

Commentaires :

Groupe animé par : ....

Participants

Dates réunions
...../...../..... ...../...../.....
...../...../..... ...../...../.....

Duplication des actions sur autres équipements | oui | non

© Groupe Eyrolles

Annexe 11

Les 8 conditions de base

	Conditions	Caractéristiques
1	Apparence et forme extérieure	- Pièces tordues, cassées, rouillées, usées – Surfaces déformées, fissures, rayures, coups. - Flambage, flexion, fléchissement, allongement, striction. - Souillures, absence de protection (hommes et matériels). - Manque de pièces (boulons, freins d'écrou, goupilles, axes, courroies,...).
2	Précision dimensionnelle	- Tolérances sur longueur, largeur, hauteur, diamètre. - Tolérances sur déformation : planéité, flambage, flexion, allongement.
3	Précision d'assemblage	- Tolérances d'assemblage. - Efforts de serrage (dynamométrique ou non). - Position relative des pièces (came, butée...). - Qualité des assemblages (état de surface, rigidité des fixations..).
4	Conditions opérationnelles	- Définition conditions NORMALES / ANORMALES du process (température, débit, pression...). - Niveau réel de connaissance des opérateurs et savoir-faire spécifique à l'outil. - Savoir-faire de base des professionnels (montage roulement...). - Niveau de risques d'erreurs (nécessité de détrompeurs de check-list...). - Disponibilité et accessibilité des outillages (courants ou spécifiques). - Accessibilité des équipements pour intervention et des équipements de contrôle.
5	Précision d'installation	- Tolérances d'alignement des différents ensembles et sous-ensembles. - Tolérances entre les niveaux. - Qualité des scellements.
6	Conditions fonctionnelles	- Respect des conditions opératoires (vitesse, surcharge, chocs...). - Maîtrise des dégradations naturelles (usure, fatigue) - Absence dégradations forcées. - Lubrification correcte (fréquence, quantité..). - Nettoyage régulier et suffisant.
7	Conditions d'environnement	- Maîtrise de contraintes anormales (eau, poussières, température, vibrations, coups de béliers...). - Visibilité et accessibilité de l'équipement (propreté, rangement - place disponible).
8	Nature et résistance des matériaux	- Qualité matériaux adaptée aux contraintes mécaniques. - Adaptation des matériaux aux conditions d'utilisation (acides, température, abrasion....). - Résistance aux sollicitations intempestives (chocs, vibrations..).

Annexe 12

Remarques relatives à l'application de l'AMDEC à un plan de maintenance

Les services maintenance sont amenés à utiliser l'AMDEC pour déterminer :

- les éléments critiques d'un équipement vis-à-vis de sa disponibilité ou de ses coûts de maintenance,
- les améliorations à apporter à l'équipement pour augmenter sa fiabilité ou pour minimiser la gravité des défaillances éventuelles,
- le plan de maintenance préventive à mettre en place pour cet équipement.

L'application de l'AMDEC présente deux graves dangers dans son utilisation en maintenance (je me limiterai au domaine de la maintenance, mais il me semble que parfois les qualiticiens tombent eux aussi dans le même piège).

1er DANGER :

L'AMDEC préconise d'évaluer pour chaque élément de l'équipement ou pour chaque EPM (élément de niveau juste supérieur au niveau des modules non remplaçables) son mode de défaillance, ses causes et ses effets (sécurité, disponibilité de l'équipement, qualité du produit, charge de la maintenance, etc.).

Dans la deuxième phase de l'AMDEC, on évalue la criticité de chaque défaillance en utilisant 3 critères : la **fréquence**, la **gravité** et la possibilité de **détection** de la défaillance. C'est ce dernier critère qui me semble litigieux. En effet la possibilité de détecter la défaillance minimise la criticité de cette dernière et évite éventuellement de la prendre en compte.

Est-ce que cela signifie, au niveau de la maintenance, qu'il n'est pas nécessaire d'améliorer la fiabilité d'un composant si on sait détecter les prémices de sa défaillance en réalisant un contrôle de maintenance préventive (contrôle effectué par un technicien maintenance ou un opérateur de production) ? C'est oublier que les objectifs principaux de l'entreprise sont :

- de diminuer la charge des techniciens de maintenance et des opérateurs,
- de limiter les temps d'arrêts nécessaires pour réaliser ces contrôles ou pour assurer les remplacements de ces composants.

À mon avis, il ne faut pas intégrer la possibilité de détection dans l'élaboration de l'AMDEC. Envisager la détection est avoir choisi la solution avant d'avoir analysé le problème.

Il faut d'abord se poser la question : **comment peut-on diminuer la fréquence de la défaillance** en jouant sur la fiabilité du composant ? Si cela n'est pas possible pour des problèmes technologiques ou économiques, on envisagera alors la possibilité de détection. Détection qui ne diminue en aucune façon la fréquence d'apparition du phénomène ou la gravité de la défaillance mais permet seulement de diminuer les imprévus.

2e DANGER :

En appliquant l'AMDEC, on évalue « élément par élément » ou « ligne par ligne du document AMDEC » la fréquence de chaque défaillance. On ne tient pas compte du fait que la fiabilité de l'équipement (donc sa disponibilité, ses coûts de maintenance) est égale au produit de la fiabilité de chaque composant.

Si on a adopté pour chacune des 10 lignes du document AMDEC une fréquence probable **d'une défaillance par an** la probabilité de défaillance de l'équipement devient d'**une panne par mois** environ (assimilation des défaillances à une loi exponentielle, composants en série). Ce qui change fondamentalement les risques d'indisponibilité de l'équipement.

Il est indispensable de compléter l'AMDEC par un **diagramme de défaillances** pour évaluer l'impact des défaillances sur le fonctionnement, la disponibilité, le coût de maintenance global de l'équipement. De plus l'élaboration du diagramme de défaillances permet de faire apparaître les composants qui ont le plus de poids dans l'indisponibilité de l'équipement. Donc ceux dont la fiabilité devra être améliorée en priorité.

L'AMDEC est une méthode efficace, d'autant plus qu'elle oblige à faire un inventaire exhaustif de l'équipement (on peut réaliser une nomenclature arborescente sans se perdre dans une analyse fonctionnelle) mais elle n'est pas suffisante.

Un responsable de maintenance devrait se fixer comme objectif le Zéro panne tout en réalisant un programme minimum de maintenance préventive ; ce qui nécessite avant tout, comme le préconise la TPM®, de respecter les conditions normales d'exploitation de l'équipement.

Annexe 13

Planning pilier 3

Rappel des différentes phases

Phase 1 : Diminuer la fréquence et la dispersion des pannes

- détecter, éliminer les causes de dégradations forcées,
- définir les conditions normales d'exploitation,
- préparer les moyens d'enregistrement.

Phase 2 : Augmenter la durée de vie

- supprimer les causes de défaillances récurrentes,
- éliminer les causes d'erreurs,
- supprimer les faiblesses de conception,
- remédier aux surcharges.

Phase 3 : Réaliser la maintenance préventive basée sur le temps (MBT)

- définir les équipements prioritaires,
- élaborer le plan de prévention,
- mettre en place les moyens d'analyse.

Phase 4 : Appliquer la maintenance prédictive

- améliorer l'efficacité de la maintenance,
- implanter si nécessaire la maintenance prédictive.

© Groupe Eyrolles

	ANNEE 1	ANNEE 2	ANNEE 3	ANNEE 4
Etapes Maint. Autonome	ETAPE 1	ETAPE 2	ETAPE 3	ETAPE 4 / ETAPE 5

ASSISTANCE A LA MAINTENANCE AUTONOME
- Assistance Inspection / nettoyage
- Traitement des étiquettes – Suppression zones salissures ou difficiles d'accès
- Participation à l'amélioration des connaissance des Opérateurs
- Déf. Standards inspections
- Transfert de la lubrification vers Maintenance autonome
- Préparation formations pour Etape 4
- Développement form. Etape 4

PREPARATION ETAPE 4
- Développement analyse WHY-WHY dans les secteurs production
- Revue partage des tâches Prod/Maint

CHASSE AUX PERTES
- Participation à l'Amélioration au cas par cas Usine
- Chasse aux pertes internes

ACTIVITE ZERO PANNES
- Elimination causes détériorations forcées
- Détecter & Supprimer les problèmes récurrents
- Supprimer les faiblesses de conception
- Enregistrement et analyse de chaque panne
- Reproduction des actions sur tous les équipements

MAINTENANCE PLANIFIEE
- Déf équipements critiques
- Analyse de l'existant
- Définition des standards d'inspection
- Exploiter les résultats – améliorer les standards
- Réaliser la maintenance basée sur le temps

SYSTEME GESTION MAINTENANCE
- Système de connaissances des coûts
- Définition des indicateurs
- Préparer l'informatisation de la maintenance
- Implanter la GMao
- Amélioration qualité :disponibilité documentation technique

GESTION STOCKS
- Nettoyage / rangement des magasins
- Déf. stocks (pièces et paramètres)
- Déf. standards gestion stock
- Visualisation contrôle des stocks
- Systématiser les méthodes d'appro.

MAINTENANCE PREDICTIVE
- Sélection des équipements
- Recherche des paramètres de corrélation
- Form. aux méthodes diagnostic
- Simplifier les méthodes de diagnostic
- Développement des méthodes prédictives

COMPETENCES MAINTENANCE
- Apprendre à travers les pannes
- Formations individuelles des techniciens

Annexe 14

Caractéristiques obtenues à la conception

Caractéristiques	
Choix process	1 - Viser le Zéro défaut (construire la qualité dans le processus plutôt que le contrôler).
Capabilité process	1 - Définition des valeurs clés, mesure au démarrage (archivage).
Productivité	1 - Rendement global cible calculé sur période de ...... et composantes principales (dispo. / perfo. /qualité). 2 - Programme prévisionnel d'obtention des objectifs. 3 - Diminution pertes au démarrage
Flexibilité - Approche SMED	1 - Le démontage et le remontage des ensembles, sous-ensembles, composants nécessitant un entretien doit pouvoir se faire facilement et rapidement. La fréquence et la durée du démontage / remontage des ensembles, sous-ensembles et composants nécessitant un entretien régulier doivent être compatibles avec les arrêts de maintenance préventive. 2 - Utilisation de systèmes détrompeurs.
Mode, opératoires. Consignes	1 - De réglage, de conduite, de maintenance autonomes
Conso. matière première, mat. consommables et outillages.	1 - Indiquer les consommations prévisionnelles permettant de réaliser un choix économique et un budget.
Déverminage	1 - Durée prévisionnelle de la phase de mise sous contrôle.
Ergonomie et simplification des écrans et pupitres	Protection des équipements informatiques ou choix de matériels résistants.
Consommations d'énergie	Indiquer les consommations prévisionnelles permettant de réaliser un choix économique et un budget.
Définition de la normalité.	1 - Définir de manière précise le "**Comment doit être utilisé l'équipement**" (état standard de l'installation : propreté, contraintes, etc.) et le "**Comment doit être l'équipement**" (8 conditions de base).
Fiabilité Norme NF EN 13306	A partir des conditions normales d'utilisation spécifiées par le cahier des charges. 1 - Définition des contraintes réelles sur les composants et des paramètres de fiabilité (loi de dégradation, durée de vie). 2 - Viser le Zéro panne. 3 - Optimisation du coût global de maintenance.
Moyens de rangement des outillages et des outils	1 - Un emplacement réservé, protégé, identifié doit être prévu pour les outillages, instruments, fournitures nécessaires à l'exploitation. Prévoir en quantité suffisante des casiers ou armoires pour le rangement de ces matériels. 2 - Les outillages spécifiques pour intervenir sur les ensembles, sous-ensembles, composants nécessitant un entretien devront être rangés à proximité de ces éléments.
Regroupement des réglages	1 - Organes de contrôle, de manœuvre et de sécurité regroupés aux postes de commande, cabines de contrôle ou poste de conduite.
Organes sensibles	1 - Protection contre les salissures, les chocs et les agressions extérieures.
Détrompeurs	1 - Utiliser si possible des systèmes statiques.
Reports d'informations et d'état aux points stratégiques	1 - Regrouper d'une façon visible les instruments de mesure au plus près des zones de circulation des opérateurs et des techniciens de maintenance. 2 - Report de certaines informations au point de réglage ou d'intervention.
Choix des technologies & matériaux	1 - Fiche sécurité des matériaux et possibilité de recyclage. 2 - Rechercher un haut niveau de recyclage des rejets (poussières, fumées, eau, etc.) et des sous-produits.
Sécurité, conditions de travail, ergonomie	1 - Dans le cadre de l'analyse des risques les dispositions garantissant la sécurité du personnel lors de la Maintenance autonome seront étudiées et mises en œuvre (Protecteurs fixes ou mobiles, organes locaux de consignation). 2 - Les produits dangereux doivent être signalés par logo ou logo et entreposés dans des espaces fermés, verrouillés, accessibles uniquement aux personnes autorisées. Les moyens de détection et protection incendie doivent être prévus. 3 - Pour les risques résiduels prévoir signalisation, protection, formation. 4 - Faible niveau de bruits et de vibration.
Formation personnel de Production et/ou Maintenance	1 - Process / Technologie des équipements / Modes opératoires / Maintenance autonome / Sécurité. 2 - Habilitation du personnel de Production et /ou de Maintenance. 3 - Réalisation des livrets de conduite.

CARACTÉRISTIQUES	
Propreté	1 - Installation conçue pour rester naturellement propre et pour que son nettoyage (si nécessaire) soit facile. 2 - Éliminer toutes les sources possibles de fuites, d'encrassement, de pollution (Poussières - Huiles - Déchets) ou sinon les emprisonner dans un volume minimum. 3 - Prévoir des dispositifs de captation, de transport et de traitement correctement dimensionnés. 4 - En cas d'impossibilité (technique ou économique) de traitement à la source protéger les points lumineux, les éléments sensibles des outils, les points de contrôle et de manœuvre, les endroits difficiles à nettoyer. 5 - Définir pour les liquides de coupe les débits et les orientations optimales. 6 - Éviter les rebords, les caniveaux, les zones mortes
Accessibilité pour nettoyage, contrôle, inspection et opérations de maintenance	1 - Facilité d'accès aux points de réglages, de contrôles, de nettoyages, de vidange et d'intervention de maintenance. 2 - Capots facilement démontables. 3 - Accès correctement dimensionnés et sécurisés. 4 - Limitation des changements de niveaux 5 - Absence de chemins de câbles ou tuyauteries gênant le passage ou la manutention.
Traitement des fuites et des salissures	1 - Pouvoir détecter et éliminer les fuites dès leur apparition. 2 - Prévoir en secours ultime des bacs de rétention (législation). 3 - Prévoir des dispositifs d'évacuation des déchets correctement dimensionnés (goulottes, accès avec engins, etc.).
Visualisation de la normalité	1 - Index ou définition de plages nominales et d'alertes pour niveaux / pression / débits / usure / etc. 2 - Choix des plages de mesure des indicateurs & dimensionnement de ceux-ci. 3 - Index de positionnements relatifs et d'alignement. 4 - Repérage par traits de peinture serrage visserie & boulonnerie sensibles. 5 - La position normale en situation d'exploitation des vannes et robinets (ouvert/fermé) est indiquée. 6 - Les échelles et unités des indicateurs seront choisies pour être facilement lisibles depuis les zones de circulation.
Contrôles réalisables en marche	1 - Portes, trappes de visite permettant les contrôles tout en étant conformes à la législation. 2 - Fenêtres transparentes.
Possibilité de détection par les 3 sens principaux	1 - Permettre d'effectuer le maximum de visites et contrôles sans l'utilisation d'outils.
Graissage	1 - Définir le plan de graissage (nature lubrifiant, périodicité, quantité). 2 - Standardisation des lubrifiants et des graisseurs. 3 - Repérage sur machine des points de graissage & codes pour nature lubrifiant et fréquence. 4 - Accessibilité points de vidange et remplissage réservoirs hydrauliques. 5 - Utilisation maximale des systèmes de graissage centralisé ou par cartouches ou de systèmes auto-lubrifiés. 6 - Prévoir les emplacements de stockage du juste nécessaire pour les huiles et graisses ainsi que du matériel nécessaire.
Moyens et outils de nettoyage	1 - Prévoir les moyens adaptés et leur rangement. 2 - Prévoir l'utilisation d'aspirateur dans les endroits éloignés (colonne sèche).
Éclairage	1 - Éclairage suffisant pour éviter les zones d'ombre. 2 - Commandes indépendantes des circuits machines. 3 - Protection contre les salissures et projection. 4 - Prévoir l'éclairage de sécurité d'évacuation.
Repérage / Visualisation	1 - Repérer le matériel sur place et sur les documents conformément au découpage de la GMao. 2 - Standardiser l'appellation des différents organes entre les différents corps de métier. 3 - Repérer tous les organes par des étiquettes posées verticalement. Étiquettes gravées noir sur fond blanc, visées, rivetées ou fixées par collier mais pas collées. 4 - Les tuyauteries sont repérées par les teintes conventionnelles avec indication du sens de circulation du fluide. 5 - Identification des organes de commande et de coupure. 6 - Le matériel, la filerie et les câbles électriques sont repérés.

CARACTÉRISTIQUES	
Maintenabilité	1 - Terme générique (X60.301 - 310 -313 - 314 et Conception EN 60706-2.) : voir les différents termes détaillés dans ce document.
Approche SMED en maintenance	1 - Standardisation de la boulonnerie. 2 - Modularité. 3 - Préréglage externe des outils ou sous-ensembles. 3 - Indication du sens de rotation des organes tournants. 2 - Utilisation de systèmes détrompeurs.
Système de consignation	2 - Pour chaque appareil d'exploitation un repérage spécifique précisera la mise en sécurité. Un repère littéral précise la consignation.
Modes de fixation et/ou de connexion des pièces d'usure et des outillages	1 - Concevoir le mode de fixation des pièces d'usure pour faciliter leur démontage (raccords rapides, prises à connexion rapide, clips, systèmes de verrouillage mécaniques et électriques, pneumatiques). 2 - Prévoir les points d'accrochage pour le montage/démontage et la manutention. 3 - Détrompeurs pour faciliter le positionnement 4 - Positionnement ou calage des éléments assurés par des systèmes vis pression et cales uniques usinées fixées sur place pour éviter la perte des cales lors des démontages.
Définition des pièces de rechange, des outillages (Norme NF X 60 210)	1 - Définir les paramètres de gestion des stocks. 2 - Etudier les possibilités de consignation des pièces stratégiques.
Moyens de manutention	1 - Spécifier les besoins. 2 - Définir les points d'accrochage, les types d'élingues et les charges en jeu.
Testabilité	1 - Points de tests et de mesure pour réglages ou maintenance conditionnelle. 2 - Définir les instruments nécessaires, leur plage et repérer les plages nominales.
Techniques spécifiques de maintenance prédictive	1 - Définir la "carte de visite" des composants qui nécessitent une maintenance prédictive (vibratoire, IR, etc.). 2 - Définir les grandeurs physiques à mesurer, leurs valeurs initiales, les seuils d'alarme et de sécurité.
AMDEC + Arbre des causes	1 - Définir liste des composants critiques - Les mesures envisagées. 2 - Spécifier si l'AMDEC est établie à partir d'un retour d'expérience ou d'une estimation.
Standardisation des composants	1 - Rechercher au maximum la standardisation des équipements, des composants et des outillages. 2 - Etudier les possibilités d'utiliser les pièces déjà en stock dans l'entreprise.
Durabilité (NF X50-501)	1 - Indiquer les durées de vie prévisionnelles permettant de réaliser un choix économique. 2 - Optimisation du LCC.
Dossiers techniques	1 - Documents fournis en Français suivant les Normes EN 13460 - X 60200 - X 60 250. 2 - Procès verbaux de réglage.
Plan de maintenance (établi par le fournisseur avec la participation du Service Maintenance)	1 - Prise en compte des lois de dégradations des composants dans la définition des fréquences de visites. 2 - Définir les conditions de normalité. 3 - Le carnet de maintenance regroupent toutes les caractéristiques énumérées dans ce document doit être établi par le Fournisseur. Il mentionnera toutes les opérations à effectuer, leur périodicité, leur durée, le personnel nécessaire (qualification et nombre). 4 - Ces documents seront fournis sous forme informatique afin de pouvoir être intégrés dans le système de GMao.
Déclarations et contrôles obligatoires	1 - Certificats matières, d'aptitudes - Procès verbaux d'épreuves, de réception réglementaires, d'inspections et de contrôle. 2 - Dossier de conformité CE.

Annexe 15

Processus de conception

Rappel des 7 étapes du pilier 5

- **Étape 1** : Étude alternative
  - Élaboration de plusieurs solutions.
  - 1re revue de conception : choix d'une solution.
- **Étape 2** : Élaboration du cahier des charges de l'installation
  - Mise en évidence des problèmes.
  - 2e revue de conception : validation des mesures correctives et du cahier des charges.
- **Étape 3** : Réalisation conception
  - 3e et 4e revue de conception (avec les fournisseurs et sous-traitants) : respect des facteurs de conception.
- **Étape 4** : Construction
- **Étape 5** : Réception chez le constructeur
- **Étape 6** : Installation
- **Étape 7** : Préindustrialisation, maîtrise des échantillons initiaux

Etapes	Flux			Points de contrôles
	Autres dpts	Production	Engineering	
1 Etude alternative	Plan stratégique	Définition projet Opérationnel	Etude préalable	Définition processus de conduite Définition objectifs et contraintes Définition des répercussions Définition des priorités Définition date objectif Définition Responsables
Revue de conception N°1 PROJET				
2 Elaboration du cahier des charges	Approbation projet Approbation	Demande d'investissement	Etablissement du budget Cahier des charges équipement	Budget et programme Prévention des problèmes éventuels Capacité de production Fiabilité, Flexibilité, Opérabilité, Maintenabilité, Sécurité Coût initial - coût d'exploitation Délai appro. exigé
Revue de conception N°2 ELABORATION PROJET				
3 Réalisation conception	Emissions des commandes des études des équipements internes ou externes		Conception générale	Formation TPM® du constructeur AMDEC Equipement Capacité de production Fiabilité, Flexibilité, Opérabilité, Maintenabilité, Sécurité Rentabilité économique AUDITS TPM®
Revue de conception générale N°3 - →				
			Conception détaillée	Forme des pièces, tolérances, états de surface, traitements thermiques Sélection des pièces du commerce
Revue de conception détaillée N°4				
4 Construction	Emissions des commandes d'exécution Préparation CdC réception pièces critiques	Devis Réalisation	Réalisation plans de détails Préparation CdC réception	Programme de contrôles intermédiaires des pièces importantes (précision assemblage, traitement....)
5 Réception		Réception chez le constructeur		Aptitude équipement, capabilité Performances (productivité, maintenabilité, sécurité, fiabilité) Programme correctif, révision plans
6 Installation		Installation Tests de réception atelier		Implantation, installation, Tuyauteries, Electricité, Utilities
7 Pré-industrialisation		Notices Programme d'essai Essai à capacité nominale Validation		Aptitude équipement, capabilité process, Problèmes et actions correctrices Validation des essais - Rapport de fonctionnement. Taux de défauts, défaillances, arrêts mineurs, performance, disponibilité. Sécurité
8 Utilisation		Mise en production		Consignes d'utilisation et de maintenance autonome Déf. prévention de la maintenance

Annexe 16

Matrice analyse qualité

Suivant modèle document formation instructeur JIPM

Rappel méthodologie du pilier 6 : Maîtrise de la qualité

	E1 Confirmer l'état actuel	1.1 Standards existants produits / process / qualité
Matrice QA	E2 Mettre en évidence les éléments du process liés à la qualité	1.2 Flow-chart
		1.3 Analyse des défauts connus
Analyse 4M	E3 Définir les conditions 4M pour chaque élément du process	
E5 Analyser les conditions 4M qui n'ont pu être déterminées	Détecter les défauts par rapport aux 4M sur l'installation ⟹ Liste des anomalies → E4 Réparer les anomalies	
Analyse 2P 5M AMDEC	E6 Améliorer les conditions 4 M	
	E7 Fixer les conditions 4M	
	E8 Améliorer les méthodes de contrôle	E10 Suivre les tendances Réviser les standards
Matrice Assurance Qualité	E9 Fixer les standards	

MATRICE ANALYSE QUALITE : Fabrication fils OSP 231 – Ligne A4

OBJECTIFS : Définir les relations entre les différents éléments du process et la qualité du produit

Démarche JIPM

Importance		Historique		Détection de l'anomalie du process ou de l'équipement		Niveau de prévention du défaut qualité	
S	Sécurité	T	Défaut détectable au poste de travail	D	Possibilité de détection sûre de l'anomalie	1	Il existe une méthode infaillible et automatique de détection du défaut
R C	Réclamation Client	A	Défaut détecté dans le process en cours	P	Méthode prédictive de détection de l'anomalie	2	Le contrôle et l'inspection par l'Opérateur est effectué à 100 %
R b	Rebut	P	Défaut généré dans le process aval	C	Il existe une corrélation entre une mesure et l'anomalie	3	Contrôle et inspection par l'Opérateur suivant prélèvement à . . . %
R t	Retouche			O	Anomalie difficilement détectable	4	Méthode infaillible et automatique complétée par contrôle et inspection par l'opérateur
N	Besoin standard					5	Rien ne peut être envisagé

Caractéristiques

	Caractéristiques qualité	Mode de défaut	Critère d'évaluation qualité	Importance	Historique	\multicolumn{12}{c}{Phases du process (Cf. cartographie du process)}											
						Déroul. fil	Alim PVC	Extrudeuse	Refroidisseur	Bobinage	6	7	8	9	10	11	12
						1	2	3	4	5	6	7	8	9	10	11	12
A	Epaisseur PVC	Trou/Manque	Isolation	RC	A	P1	O1	O1									
B	"	Non uniforme		RC	A			O1									
C	"	Trop faible	Dia mini	RC	A			O1									
D	"	Trop fort	Dia max	RC	A			O1									
E	Couleur	Non conforme		Rb	A			O5									
F	"	Trop pâle	Echantillon référence	Rb	A		O5	O5									
G																	

Suivant modèle document formation instructeur JIPM

© Groupe Eyrolles

Annexe 17

Analyse 4 M

ANALYSE 4 M: Fabrication fils OSP 231 – Ligne A4

Démarche JIPM

N°	M/A	Phases du process Description du travail Préciser Manuel (M) ou Automatique (A)	Défauts suivant Matrice QA												Main - d'oeuvre Oubli - Erreur Malentendu Manque savoir etc	Machine Précision Usure Défaillance -etc.	Méthodes Mode opératoire Manutention Gamme - etc.	Matériaux Mat. première Mat. auxiliaire Environnement - etc.
			Trou /Manque PVC	Non uniforme PVC	Trop faible PVC	Trop fort PVC	Couleur non conforme	Couleur top pâle	G	H	I	J				
													Dysfonctionnements possibles			
1	A	Déroulement fil	P1										Machine: Défaut système de freinage suite à analyse PM		
2	A	Alimentation PVC	O1				O5						Méthodes: Mauvais réglage en fonction Dia. cuivre		
3	M	Extrudeuse	O1	O1	O1	O1	O5	O5					Main - d'œuvre		
4	A	Refroidisseur													
5	A	Bobinage											Suivant modèle document formation instructeur JIPM		
6															
7															
8															
9															
10															

Annexe 18

Exemple analyse 2 P 5 M

Origine Renault Trucks – CFC
Suivant modèles documents formation instructeurs JIPM

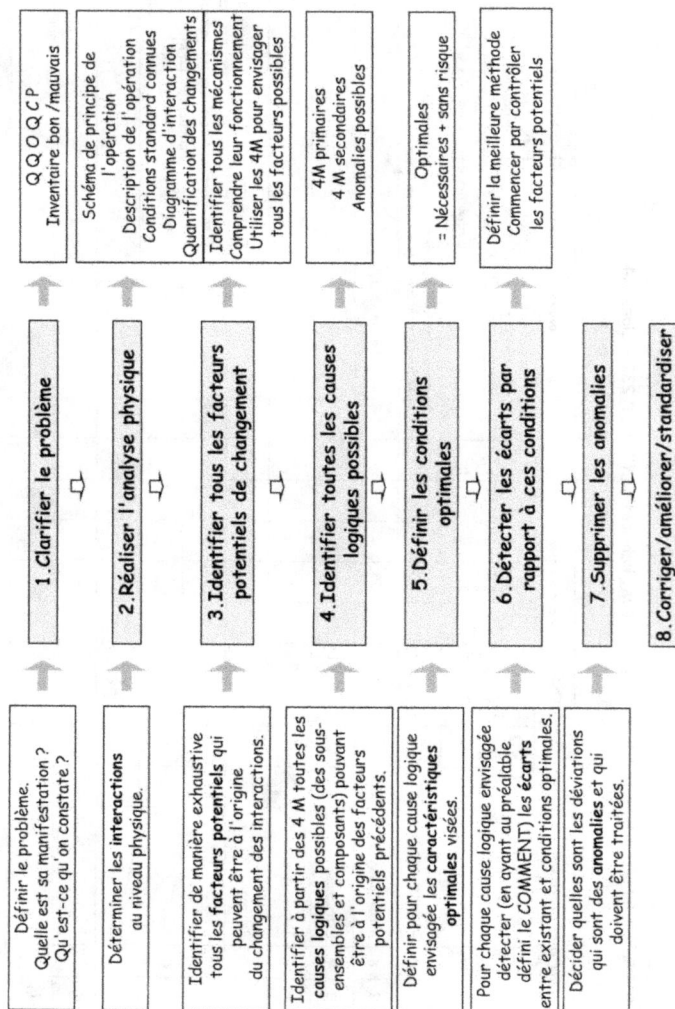

Étape	Détail haut	Détail bas
1. Clarifier le problème	Q Q O Q C P. Inventaire bon /mauvais	Définir le problème. Quelle est sa manifestation ? Qu'est-ce qu'on constate ?
2. Réaliser l'analyse physique	Schéma de principe de l'opération. Description de l'opération. Conditions standard connues. Diagramme d'interaction. Quantification des changements	Déterminer les **interactions** au niveau physique.
3. Identifier tous les facteurs potentiels de changement	Identifier tous les mécanismes. Comprendre leur fonctionnement. Utiliser les 4M pour envisager tous les facteurs possibles	Identifier de manière exhaustive tous les **facteurs potentiels** qui peuvent être à l'origine du changement ou des interactions.
4. Identifier toutes les causes logiques possibles	4M primaires. 4 M secondaires. Anomalies possibles	Identifier à partir des 4 M toutes les **causes logiques** possibles (des sous-ensembles et composants) pouvant être à l'origine des facteurs potentiels précédents.
5. Définir les conditions optimales	Optimales = Nécessaires + sans risque	Définir pour chaque cause logique envisagée les **caractéristiques optimales** visées.
6. Détecter les écarts par rapport à ces conditions	Définir la meilleure méthode. Commencer par contrôler les facteurs potentiels	Pour chaque cause logique envisagée détecter (en ayant au préalable défini le COMMENT) les **écarts** entre existant et conditions optimales.
7. Supprimer les anomalies		Décider quelles sont les **déviations** qui sont des **anomalies** et qui doivent être traitées.
8. Corriger/améliorer/standardiser		

© Groupe Eyrolles

LIGNE: Garnissage Midlum/Locator	EQUIPEMENT: Préparation P. B/Machine RAMBURE	PRODUIT:	N° REF. PIÈCE:	Date: Animateur: D.CAMBON	Réf.
1.1 QUEL EST LE PROBLÈME ?	QUELLE EST LA FONCTION AFFECTEE ?			1.4 QU'EST-CE QUI A CHANGE ?	
Entrée d'eau au niveau du pare-brise.	Encollage pare-Brise			Nouvel Opérateur - Voir Q Q O Q C P	

ANALYSE PHYSIQUE : Pas ou peu d'adhérence du cordon de colle sur le primaire du pare-brise

3. DIAGRAMME DE CONTACT	3. IDENTIFICATION DES FACTEURS POTENTIELS POSSIBLES (Ensembles)	4. 4M PRIMAIRES	4. 4M SECONDAIRES Causes logiques possibles (composants)
	1/ Pare- Brise / Primaire		
	1.1 Accrochage primaire sur PB		
	1.2 Péremption du primaire	1.2a Dépassement délai conservation	
		1.2b Durée stockage PB trop importante	
	2/ Primaire / Réactivateur / Opérateur		
	2.1 Primaire: Nettoyage insuffisant	2.1a Non-respect mode opératoire par Opérateur	2.1a1 Chiffon sale, saturé
	2.2 Réactivation mal effectuée	2.2a Non-respect mode opératoire par Opérateur	2.2a1 Outil de nettoyage
	2.3 Péremption réactivateur		
	2.4 Pollution surface réactivée	2.4a Par environnement	
		2.4b Par opérateur lors manipulation	2.4b1 Non-utilisation gants/propreté vêtements
		2.4c Essuyage après réactivation insuffisant	
	3/ Réactivateur / Colle		
	3.1 Positionnement colle / primaire	3.1a Réglage trajectoire Rambure	
		3.1b Mauvaise position bande primaire	
		3.1c Largeur bande primaire insuffisante	
	3.2 Reste de réactivateur	3.2a Nettoyage insuffisant	3.2a1 Chiffon sale, saturé
			3.2a2 Fréquence changement tampon
	4/ Colle / Pare brise / Rambure		
	4.1 Colle (géométrie cordon haut., largeur + régularité)	4.1a Réglage Rambure vitesse + régularité	
		4.1b Buse (Conformité référence, état)	
		4.1c Réglage débit Pompe	
	4.2 Colle (Position du cordon de colle sur PB)	4.2a Réglage Rambure trajectoire (idem 3.1a)	
		4.2b Positionnement PB en X Y sur table Rambure	
	4.3 Colle: Viscosité	4.3a Température colle	
	4.4 Qualité colle + péremption)	4.4a Référence colle	
		4.4b Péremption	
	5/ PB encollé / Baie / Manipulateur		
	5.1 Liaison PB /Baie géométrie,	5.1a Géométrie 3D PB	
		5.1b Géométrie 3D Baie	
	5.2 Planéité surface Baie	5.2a Défaut tôlerie	
	5.3 Pollution PB	5.3a Présence poussières extérieures	
		5.3b Pollution par Opérateur	
	5.4 Pollution Baie	5.4a Pollution par Opérateur	
		5.4b Essuyage baie mal effectué	
	5.5 Maintien en pression force, durée	5.5a Réglage pression	
		5.5b Réglage temps	
		5.5c Défaut équipement	

Buse — Cordon colle — Primaire — Pare-Brise — Baie P.B.

Annexe 19

Exemple de Master Plan

Rappel stratégie TPM® :

- Axe n° 1 : Atteindre l'efficacité maximale du système de production
  - Pilier 1 – Chasse aux pertes ou Amélioration au cas par cas.
  - Pilier 2 – Maintenance autonome ou Gestion autonome des équipements.
  - Pilier 3 – Maintenance planifiée.
  - Pilier 4 – Amélioration des connaissances et du savoir-faire.
- Axe n° 2 : Améliorer le système pour obtenir les conditions idéales
  - Pilier 5 – Conception nouveaux produits ou nouveaux équipements.
  - Pilier 6 – Maintenance de la qualité.
  - Pilier 7 – Application de la TPM® dans les services fonctionnels.
  - Pilier 8 – Sécurité, conditions de travail et environnement.

		ACTIONS	Année 1	Année 2	Année 3	Année 4
P R E P A R A T I O N	1	Décision de la Direction générale				
	2	Définition objectif général				
	3	Communication et Formation				
		Encadrement, Maîtrise, Animateur, Personnel				
		Mise en place organisation				
		Groupes projets Gestion Autonome et Chasse aux pertes				
	4	Analyse des données et définition des objectifs				
	5	Master Plan				
	6	Lancement TPM				

7 — MISE EN PLACE DES SYSTEMES PERMETTANT D'AMELIORER LA PERFORMANCE DE LA PRODUCTION

		ACTIONS	Année 1	Année 2	Année 3	Année 4
D E P L O I E M E N T	7.1 Pil.1	Suppression des causes de pertes				
		Evaluation des pertes - Pareto des causes principales				
		Définition objectifs, priorités, groupes de travail				
		Mise en place des groupes de travail				
		Activité KAIZEN (pilote + replication)	Autres équipements			
	7.2 Pil.2	Gestion autonome des équipements				
		Etape 1: Inspection / Nettoyage	Etape 1			
		Etape2: Suppression des causes	Etape 2	Etape 3	Etape 4	Etapes 5, 6 et 7
		Etape 3: Définition des standards d'Inspection				
	7.3 Pil.3	Maintenance planifiée	Assistance GA + Réparations			
		Etape 3: Définition des standards de maintenance basée sur le temps	Standards de maintenance &	Maintenance basée sur le temps		
		Etapes 4		Adapter les standards aux besoins qualité		
		Etapes 4, 5, 6 et 7			Améliorer l'efficacité de la maintenance/Généraliser	
					Développement maint. prédictive	
	7.4 Pil.4	Amélioration du savoir-faire	Conception des formations	Développement individuel des compétences		
				Amélioration savoir-faire maintenance		

OBTENIR LES CONDITIONS IDEALES

		ACTIONS	Année 1	Année 2	Année 3	Année 4
	8 Pil.5	Conception Equipements et Produits	Suivant les opportunités d'investissements ou de rewamping			
	9 Pil.6	Maintenance de la qualité	Etudes & analyses (Matrice QA + 4M) - Corrections- Améliorations			
	10 Pil.7	Efficacité des Sces fonctionnels	Améliorations procédures administratives	Améliorations de la gestion prod.		
			Participation aux Piliers 1 & 2			
	11 Pil.8	Amélioration Sécurité, Cdt travail, Envir.	Manuel d'inspection sécurité	Inspections générales sécurité		
	12		*AMELIORATION PERMANENTE*			

Glossaire

1. Systèmes de production

Système de production : stratégie, état d'esprit permettant d'améliorer la performance économique de l'entreprise.

* **PPJ Production au plus juste :**

  Production amaigrie ou frugale. La PPJ est d'abord apparue au Japon (Toyota), puis théorisée par le MIT (Massachusetts Institute of Technology) sous le nom de Lean Production (1990).

  Pour certains : élargissement du JAT à toute l'entreprise pour obtenir la suppression des opérations sans valeur ajoutée, la réduction des dysfonctionnements et des gaspillages.

* **TPM® Total productive maintenance :**

  Démarche globale d'amélioration permanente qui vise la performance économique de l'entreprise.

* **TPS Système de production Toyota (1959) :**

  TPS = JAT + respect des hommes = Lean Production

  Système complet dont la culture de l'entreprise doit s'imprégner.

  « Le TPS a été inventé, découvert et développé pendant des décennies, à mesure que des dirigeants et des ingénieurs (…) apprenaient à faire face aux problèmes d'adaptation extérieure et d'intégration interne. », Le modèle Toyota, J. LIKER.

* **TQC Total Quality Control, TQM Total Quality Management :**

  Mode de management d'un organisme centré sur la qualité, basé sur la participation de tous ses membres et visant au succès à long terme par la satisfaction du client et à des avantages pour tous les membres de l'organisme et pour la société.

2. DÉMARCHES

Démarche : Mode de raisonnement. Les démarches ne prennent vie et ne deviennent performantes qu'en raison de l'état d'esprit dans lequel elles sont appliquées.

- **JAT Juste à Temps :**

  Concept crée par Taiichi OHNO (Toyota), dont l'objectif est d'obtenir des matières, composants ou produits finis de qualité, en quantité juste nécessaire, au moment opportun et à leur lieu d'utilisation tout en éliminant les stocks. La fabrication pièce à pièce permet de faire apparaître les problèmes.

- **KAIZEN (1986) :**

  Amélioration permanente par petits pas dans la durée.

  KAIZEN = KAI (réforme) + ZEN (bon). Un chemin mental important nous en sépare, nous voulons faire bien en une seule fois.

  KAIZEN = précarité de toute chose = vulnérabilité. Rien n'est jamais acquis. On dit parfois que la géographie japonaise (tremblements de terre, manque de matières premières et de pétrole, espace cultivable faible) provoque un sentiment de précarité, de vulnérabilité qui entraîne une remise en question permanente de l'organisation, un souci de flexibilité, un besoin d'agir en groupe.

  Le KAIZEN n'est possible qu'après la stabilisation puis la standardisation d'un processus.

- **Théorie des contraintes :**

  Philosophie qui se concentre sur les performances des contraintes, souvent des ressources limitées, pour améliorer la performance globale du système.

- **6 SIGMA (1985) :**

  Démarche qui consiste à réduire la dispersion du processus. En considérant que :

  $+/- 3 \sigma \rightarrow 93,32$ % de la production est à l'intérieur de l'intervalle $\rightarrow 66807$ ppm

  $+/- 6 \sigma \rightarrow 99,99666$ de la production est à l'intérieur de l'intervalle $\rightarrow 3,4$ ppm le client conserve ses LSI et LSS mais, en réduisant l'écart type, il y a un pourcentage plus important de la population dans l'intervalle +/− 3 σ.

3. MÉTHODES

Manières de faire

- **AMDEC** : Analyse des Modes de Défaillances, de leurs Effets et de leur Criticité. Méthode d'analyse préventive qui permet de recenser, de mettre en évidence et de quantifier les risques potentiels de défaillance d'un produit, d'un processus ou d'un équipement.

- **Analyse PM ou 2 P 5 M** : 2 P = Problème + Phénomène physique ; 5 M = Mécanisme de génération du problème + Machine + MO + Matériel + Méthodes. Méthode développée par le JIPM pour résoudre les problèmes complexes, utilisé lorsque les méthodes causes/effet s'avèrent insuffisantes. Repose sur l'étude des phénomènes d'un point de vue physique ou mécanique.

- **Benchmarking** : méthode consistant à comparer dans un domaine précis (logistique, achats, etc.) les performances de son entreprise à une ou plusieurs entreprises considérées comme référence dans le domaine retenu.

- **GENCHI GEMBUTSU** : observer minutieusement la situation du terrain.

  Aller sur place voir soi-même la situation telle qu'elle est pour la comprendre. Compléter toujours les informations provenant du système par l'observation personnelle sur place

  Regarder et réfléchir par soi-même. La seule façon d'arriver à quelque chose est de s'en occuper soi-même.

  Mettre la main à la pâte (exemple du cercle de OHNO).

- **GPEC** : dans les entreprises Gestion Prévisionnelle des Emplois et des Compétences.

- **HANSEI** : réflexion systématique.

  Critique de ce qui est proposé ou a été réalisé non pas en termes de blâme ou de sanction mais pour apprendre et progresser (faire encore mieux la prochaine fois). Les erreurs sont des occasions d'apprendre (exemple : apprendre à travers les pannes).

Le HANSEI est la phase vérification du cycle PDCA.

« Changer la mentalité d'individus habitués à penser en termes de crise et de solutions immédiates et leur enseigner la philosophie de l'amélioration permanente à long terme par le biais de la réflexion systématique (Hansei) et de l'amélioration continue (Kaizen). C'est un processus qui ne connaît pas de trêve chez Toyota. », Le modèle Toyota, J. LIKER.

* **HOSHIN KANRI** : méthode pour déployer les objectifs depuis la haute direction jusqu'aux groupes de travail.

Les objectifs de l'usine sont traduits en actions concrètes dans chaque secteur de l'usine suivant les axes d'amélioration retenus par la direction.

Hoshin : une direction, une politique, un plan, un objectif. Déploiement en cascade de la politique.

Kanri : administration, management, contrôle, apprendre. La clé de l'apprentissage organisationnel est d'aligner les objectifs de tous les employés sur des objectifs communs.

Nota : Pour certains Hoshin ou management par percée ; permet de créer dans l'entreprise des changements rapides.

* **Ingénierie simultanée** : optimisation du développement de nouveaux produits en intégrant dans un groupe projet les différents métiers et fonctions (marketing, recherche, développement, industrialisation) pour améliorer la qualité du produit, réduire les coûts de revient et accélérer la mise sur le marché.

* **KANBAN** : en japonais, étiquette, support d'information. Créé par Taiichi OHNO chez Toyota.

Moyen utilisé par le Juste à Temps. Chaque lot de produit est accompagné d'un Kanban. Son retour au fournisseur interne ou externe est un ordre de réapprovisionnement (flux tiré).

Kanban = circuits courts horizontaux et direction par les yeux.

Au Japon, le commercial est le premier acteur du JAT ; il régule les contacts clients en fonction de la charge de l'entreprise.

Le **KANBAN** ne peut assurer le JAT que dans le cadre d'une production répétitive avec une grande régularité des consommations.

« Lisser le volume de travail est une règle dans toutes les fonctions de Toyota. Lorsqu'on essaie d'appliquer le TPS, il faut commencer par répartir ou lisser la production. Sinon standardiser les tâches est impossible. Le système de flux pièce à pièce de Toyota pousse les hommes à réfléchir et à apprendre. La réduction du temps de défilement (...) élève la qualité et réduit le prix de revient en améliorant la sécurité et le moral des opérateurs. », *Le modèle Toyota*, J. LIKER.

• **MBF** : Maintenance Basée sur la Fiabilité.

Méthode destinée à établir un programme de maintenance préventive qui permette d'atteindre efficacement les niveaux de fiabilité et de sécurité intrinsèques des équipements.

• **MSP** : Maîtrise Statistique des Procédés.

Méthode basée sur les statistiques et les probabilités qui permet à partir d'un petit nombre de mesures de donner une description d'un processus industriel et de vérifier en particulier qu'il est stable. Les cartes de contrôle permettent de surveiller cette stabilité et d'agir en conséquence.

• **NOTED** : No Touch Exchange of Die – Changement automatique programmé de fabrication.

• **OTED** : One Touch Exchange of Die – Changement automatique par simple commande de l'opérateur.

• **PDCA ou roue de Deming ou cycle de Shewhart** (1950) : représentation d'une démarche de progrès permanent.

Plan : établir le plan, c'est-à-dire définir les objectifs, la stratégie, les indicateurs, l'échéancier.

Do : faire l'expérience, agir, réaliser.

Check : mesurer les résultats et les comparer aux objectifs.

Act : Prendre une décision à partir de l'analyse des résultats.

Résultats positifs : on réalise la modification – Résultats négatifs : on ne change rien – Résultats insuffisants : on recommence le cycle PDCA.

Ce cycle PDCA est renouvelé pour encore et toujours s'améliorer.

• **SdF** : Sûreté de Fonctionnement.

Ensemble des propriétés qui décrivent la disponibilité d'un équipement et les facteurs qui la conditionnent : fiabilité, maintenabilité, disponibilité, sécurité et logistique de maintenance.

- **SMED** : Single Minute Exchange of Die : méthode créée par Shigeo SHINGO (1987) permettant de changer de fabrication en un temps inférieur à 10 minutes.

Instruments ou outils

- **Analyse 4 M** : outil du pilier 6 : Maîtrise de la qualité de la TPM®.

- **ANDON** : signal et éventuellement arrêt de chaîne sur défaut.

- **Diagramme Causes/Effet ou d'ISHIKAWA** ou en arête de poisson.

  Permet de classer et de visualiser les idées issues d'un brainstorming réalisé par un groupe pour la résolution d'un problème. Les 5 M servent de base au classement des causes. Ce diagramme permet de faire un inventaire exhaustif des causes possibles.

- **DOJO** : lieu d'entraînement, connaissance collaborative et non unilatérale.

  L'apprentissage se fait sur le terrain ou le tatami, il faut transpirer ensemble pour apprendre.

  « Une entreprise apprenante (…) un lieu (…) où les individus peuvent développer en permanence leur capacité à créer les résultats qu'ils visent réellement, où des schémas de pensée nouveaux et élargis sont encouragés, où l'aspiration collective est libérée et où les individus apprennent continuellement comment apprendre ensemble. », La cinquième discipline, P. SENGE (1990).

- **Film ferme** : respect de l'ordre de passage des véhicules sur une chaîne de montage conformément aux prévisions de production.

  Renault Douai est passé de 20 % à 80 % ; Nissan de 10 % à 96 % en 2 ans.

- **GEMBA** : emplacement, territoire. Là où se passe l'action.

  Renvoi au terrain, à la pratique, à ce qui est réel dans le présent.

  Gemba Genbustu : pilier 2 : Maintenance ou gestion (Genbustu) autonome de la TPM® (parfois même gestion du territoire).

- **HEIJUNJA** : lissage (*cf.* Juste à Temps).

- **JIDOKA** ou **AUTONOMATION** : mécanisme d'auto-arrêt des machines en cas de fonctionnement défectueux.

  Rendre les aléas visibles. Créé par Skichi TOYODA pour stopper automatiquement les métiers à tisser en cas de casse de fil.

  Arrêter immédiatement la production. Détection automatique de dérive par rapport à la production prévue.

- **Leçon ponctuelle ou leçon 5 min** : outil de construction et de transmission des connaissances et des savoir-faire techniques sur un point précis et un seul. Permet aux animateurs TPM® et aux leaders de groupe d'acquérir le leadership par rapport aux opérateurs des groupes TPM®.

- **Life Cycle Cost (LCC) – Coût du Cycle de Vie (CCV)** :

  Coût cumulé d'exploitation d'un équipement (investissement + production + maintenance) durant sa durée de vie (durée de la technologie utilisée ou du produit ou des équipements).

- **Matrice QA** : outil du pilier 6 : Maîtrise de la qualité de la TPM®.

- **METAPLAN** : outil d'analyse des problèmes en groupe. Chaque participant inscrit sur un « post-it » son idée (oral du brainstorming remplacé par l'écrit). Les post-it étant regroupés par l'Animateur en familles.

- **NEMAWASHI** : préparation du terrain. Associé à **RINGISHO** : circulation de documents.

  Un projet d'entreprise résulte de la consultation et de l'accord des acteurs impliqués par cette décision (chez Toyota, tout le monde) dans les 4 premiers niveaux du top management.

  « (...) décider par consensus en prenant le temps nécessaire (obtention d'une émergence puis d'une convergence des points de vue), en examinant en détail toutes les options et en appliquant rapidement les décisions. Le temps perdu est largement récupéré par la parfaite mise en œuvre et la rapidité d'exécution. », Le modèle Toyota, J. LIKER.

« Si autoritaire que fut le régime des shoguns Tokugawa (époque EDO 1603-1868), une règle de base du processus de décision administrative était de désamorcer les conflits d'abord par de longues négociations officieuses (NEMAWASHI) avant de décider. De cette période date aussi le RINGISEI qui requiert que les documents préparatoires à une décision circulent pour information et accord dans tous les services, même peu concernés, afin qu'ils le valident en y apposant leur sceau. », Le Japon contemporain. J.M. BOUISSOU.

- **PARETO** : application de la loi des 20/80 ou loi ABC, mise en évidence par Vilfedro Pareto qui constate que 80 % des richesses d'un pays sont détenues par 20 % de ses habitants (conclusion d'une étude sur la répartition des impôts fonciers aux USA).

  Dans les entreprises, on constate très souvent que 80 % des problèmes sont dus à 20 % des dysfonctionnements.

  Vilfredo Federico SAMOSO (1848-1923) né à Paris. Surnommé Marquis de Pareto (ville dont il était originaire). Sociologue et Économiste italien. Auteur du *Manuel d'économie politique*.

- **POKA YOKE** : détrompeur imaginé par Shingeo.

  SHINGO. POKA = distraction (l'erreur est humaine !)

  Utilisation de dispositifs simples, installés sur un équipement ou un poste de travail, évitant une erreur.

  Exemple : diamètre des orifices de remplissage des réservoirs de carburant des voitures à pot à catalyse ne devant utiliser que du sans-plomb.

- **QQOQCP** : Quoi, Qui, Où, Quand, Comment, Pourquoi.

  Permet de guider la recherche d'informations relatives à un problème ou d'organiser la réalisation d'une action.

- **RINGISHO** : circulation de documents. Voir NEMAWASHI.

- **TALK TIME** : rythme de production optimal ou vitesse de passage sur une ligne d'assemblage pour répondre aux commandes de la clientèle. Est affiché en temps réel.

  Allemand TAKT = caisse ; anglais = TIME. Temps qu'une caisse passe dans un poste de travail.

Vitesse de passage = Nombre d'heures ouvrables/Volume de production à réaliser. En ajustant le nombre d'opérateurs au volume de production, on répartit les opérations élémentaires pour qu'ils puissent finir les opérations dans le Talk Time.

- **3 MU** = MUDA (gaspillage) + MURI (surcharge) + MURA (écart).

- **5 S** (1960) : outil utilisé pour assurer et pérenniser la propreté, le rangement dans les ateliers ou les bureaux et améliorer le cadre de travail.

  SEIRI : débarrasser ; SEITON : ranger ; SEIKETSU : nettoyer ; SEISO : maintenir propre (sans balayeur) ; SHITSUHKE : rigueur.

- **5 M** : Machine, Matière, Milieu, Méthodes, Main-d'œuvre.

- **5 Pourquoi** ou Why-Why ANALYSIS : face à un problème se poser plusieurs fois la question POURQUOI et répondre à chaque pourquoi en observant les phénomènes physiques. La plupart du temps les problèmes sont résolus sans aller jusqu'au 5e.

4. DIVERS

- **HINSHITSU HOZEN** : HINSHITSU = qualité ; HOZEN : maintenance. Pilier 6 : Maîtrise ou maintenance de la qualité.

- **JUSE** : Japanese Union of Scientists and Engineers.

- **JISHU HOZEN** : JISHU = autonomie ; HOZEN = maintenance. Pilier 2 : Maintenance ou gestion autonome.

  Voir aussi GEMBA.

- **KAROSHI** : mort par excès de travail.

- **KEIRETSU** : groupes industriels à participation croisée (conglomérats) qui assurent l'ensemble de la chaîne de production.

- **KOBETSTU KAIZEN** : KAIZEN = amélioration continue ; KOBESTU = au cas par cas. Pilier 1 : Chasse aux pertes ou amélioration au cas par cas.

- **SUPAA GINOSHA** : Super-Techniciens.

  Trésors vivants nationaux. MEISTER en Allemagne.

Ouvrages de référence

1. TPM®

Introduction à la TPM, vol. 1 – *Pratique de la maintenance auto-nome*, vol. 2 – *Pratique de l'élimination des causes de pertes*, vol. 3 – Japan Institute of Plant Maintenance & Usinor, Institut Qualité Management. Traduit du japonais par K. SHIMOMURA avec la collaboration de C. BARBIER.

La Maintenance Productive Totale (TPM), S. NAKAJIMA, AFNOR Gestion.

La Maintenance Productive Totale (TPM®) : Mise en œuvre, S. NAKAJIMA, AFNOR Gestion.

Le guide de la TPM® Total productive Maintenance, J. BUFFERNE, Éditions d'Organisation.

Le guide TPM de l'unité de travail, K. SHIROSE, Dunod, Les réalités de l'Entreprise, 1994.

Le Zéro panne par la Topo maintenance, C. BARBIER, R. DAPERE, C. HUBERT, Dumesnil Éditeur, Éditions Maxima/Laurent, 1993.

2. JAPON

Atlas du Japon, P. PELTIER, Éditions Autrement.

Aventure Japon, R. GUILLAIN, Arléa, 1998.

Besoin de Japon, J.-F. SABOURET, Seuil, 2004.

Énigmatique Japon, A. MACFARLANE, Autrement Frontières.

Histoire du Japon et des Japonais : De 1945 à nos jours, E. O. REISCHAUER, Éditions du Seuil.

Histoire du Japon, D. ELISSEEFF, Éditions du Rocher, 2001.

Homo Japonicus, M. JOLIVET, Reportages, Éditions Picquier, 2000.

Introduction à la culture japonaise, H. NAKAGAWA, Libelles, Centre Marcel Granet, Institut de la pensée contemporaine, PUF.

Japon, éternelle renaissance, D. FLOUZAT, PUF, 2002.

Japon : le déclin ?, J.-M. BOUISSOU, F. GIPOULOUX, E. SEIZELET, Espace international, Éditions complexe, 1995.

Japon, peuple et civilisation, Sous la direction de J.-F. LABOURET, La Découverte/Poche, L'état du monde, 2004.

Japon, société camisole de force, M. MIYAMOTO, Picquier poche, 2001.

Japonaise, la révolution douce, A. GARRIGUE, Reportages Éditions Philippe Picquier, 1998.

La folie Japon, B. RAISON, Lieu commun, 1987.

Le clou qui dépasse, A. L'HENORET, La Découverte/Poche Essais, 1997.

Le Japon contemporain, dir. J.M. BOUISSOU, Fayard-CERI.

Le Japon médaille d'or, E. F. VOGEL, Folio actuel.

Le modèle japonais de gestion, A. BOURGUIGNON, Repères, La Découverte.

Le réveil du Samouraï, P. FAYARD, Polia, Éditions Dunod, 2006.

Les Japonais, K. POUPEE, Taillandier, 2008.

Les Japonais ne sont pas ceux que vous croyez, H. KAMATA, Éditions Ellébore, 1993.

Les ombres Japonaises, M. MANCEAU, J.-B. PINATEL, Denoël, 1992.

Made in Japan, A. MORITA, R. LAFFONT collection Vécu, 1986.

Société et publicité nipponnes, Recueil d'articles supervisés par T. KANEHISA, Éditions You-Feng, 2002.

Travailler avec les paponais, O. DEMUSSAT, Éditions d'Organisation, 2006.

Tokyo Sanpo, F. CHAVOUET, Éditions Philippe Picquier.

Un autre Japon, N. PLANEL, Document Mille et une nuits, Arthème Fayard.

3. TOYOTA

Le modèle Toyota : 14 principes qui feront la réussite de votre entreprise, J. LIKER, Village Mondial.

Le toyotisme, K. SHIMIZU, Repère – La Découverte.

Talent Toyota, J. LIKER et D. MEIER, Village Mondial, Pearson.

Toyota : l'usine du désespoir, S. KAMATA, Demopolis.

4. DIVERS

Au revoir et merci Monsieur Taylor, J. LE MENESTREL, M. SCHPILBERG, Éditions d'Organisation, 1999.

Critique de l'organisation du travail, T. COUTROT, Repère, La Découverte.

Dictionnaire de l'économie à l'usage des non-économistes, J.-M. VITTORI, Grasset, 2008.

Dictionnaire des sciences économiques et sociales, J. BREMONT, A. GELEDON, Belin.

Du nouveau en économie, W.E. DEMING, traduit par J.-M. GOGUE, Economica, 1996.

Fiabiliser les équipements industriels, J. BUFFERNE, Éditions d'Organisation.

Fiabilité, maintenance et risque, D. SMITH, Dunod, 2006.

Fiabilité en exploitation, J.-C. LIGERON, A. DELAGE, M. NEFF, Technique et documentation, Lavoisier, 1984.

Fiabilité, théorie et pratique de la sûreté de fonctionnement, I. BAZOKI, G. COHEN, J. CHINAL, Dunod, 1966.

Gestion de la production, F. BLONDEL, Dunod.

Hors de la crise, W.E. DEMING, traduit par J.-M. GOGUE, Economica.

La fiabilité, P. CHAPOUILLE, PUF, Que sais-je ?

Le but – Un processus de progrès permanent, E. M. GOLDRATT, J. COX, AFNOR.

Le Modèle de production flexible, P. BARDELLI, PUF, Que sais-je ?

Le risque technologique, A. LEROY, J.-P. SIGNORET, PUF, Que sais-je ?, 1992.

Les modèles productifs, R. BOYER, M. FREYSSENET, Repère, La Découverte, 2000.

L'Usine s'affiche, M. GREIF, Éditions d'Organisation, 2000.

Index

TRG (Taux de Rendement Global),
4, 15, 37, 42, 56, 61, 69, 153, 195,
209, 213
calcul du ~, 51
exploitation du ~, 59
objectifs de ~, 58

Z

Zéro
accident, 27, 37, 189
défaillance *Voir Zéro défaut.*
défaut, 37, 161, 170, 196
panne, 37, 76, 80, 126
pollution, 27

www.ingramcontent.com/pod-product-compliance
Lightning Source LLC
Chambersburg PA
CBHW061143220326
41599CB00025B/4333